Lo que dicen los lectores acerca de
Quiero confiar en ti, pero no puedo

«Las palabras de Lysa sobre la confianza llegaron en un momento en que las necesitaba con desesperación. Me dieron ánimo para abrirles mi corazón a las personas correctas y explorar en qué áreas mi confianza en el Señor era deficiente y podía crecer».

—Colleen C.

«Justo cuando piensas que Lysa no puede ser más vulnerable, te sorprende. Este libro me hizo pensar, sentir y empoderarme con herramientas prácticas sobre cómo volver a confiar cuando mi confianza ha sido quebrantada».

—Heather S.

«Este libro es de lectura obligatoria para todo aquel que haya experimentado conflictos, heridas o traumas. Las lectoras encontrarán un tesoro, una amiga de confianza y un recurso que les cambiará la vida a través de las palabras bellamente escritas por Lysa».

—Tescia J.

«Tanto si alguna vez han quebrantado tu confianza como si no, necesitas leer este libro».

—Lizzy H.

«Este libro es para la mujer que se encuentra enredada en la tensión de la confianza quebrantada y las relaciones rotas. La honestidad y la vulnerabilidad de Lysa me proporcionan un espacio seguro para sanar de las heridas del pasado. Este libro ha sido el mejor recurso de ayuda para restaurar un nivel de confianza responsable y sabio en mis relaciones. Estoy segura de que será una bendición para cualquiera que lo lea».

—Michelle M.

T0191146

«Lysa escribe de una manera que te hace sentir comprendida, como si por fin alguien te ofreciera el lenguaje que necesitabas para describir lo que estás atravesando. Ella encontró su camino de regreso a la confianza, la conexión y las relaciones verdaderas, y este libro es justo la guía que yo necesitaba para hacer lo mismo».

—GRACE F.

«En este libro, Lysa aborda el tema de la confianza y ofrece ideas prácticas sobre cómo afrontar los problemas asociados con la misma. Lysa es sincera, cruda, real y transparente en formas que te harán reír, llorar e identificarte con el modo en que ha abordado los problemas de confianza en su propia vida. Verás la Palabra de Dios y la sabiduría entretejidas a lo largo de este libro. Lysa hace un trabajo asombroso al guiarte en el tema de una manera realista y siempre dirigiendo a sus lectoras de regreso a Dios».

—LAUREN D.

«Por desgracia, la ruptura de la confianza en las relaciones se ha convertido en una práctica culturalmente aceptable. No hay que mirar muy lejos para encontrar una amistad, un matrimonio o incluso una relación entre compañeros de trabajo que se esfuerza por sobrevivir a una traición de algún tipo. Como haría cualquier amiga cariñosa, Lysa nos anima gentilmente a enfrentar la traición con esperanza. Con un corazón siempre dispuesto para sus amigas que intentan sanar las heridas y darle gloria a Dios, ella ofrece un hombro en el que llorar, un brazo en el que apoyarse y una brújula que nos señala un camino mejor. La guía de Lysa y las herramientas prácticas proporcionadas en las páginas de este libro me ayudaron a abrir mi corazón para reconstruir la confianza en Dios, en mí misma y en mi gente. Gracias, Lysa».

—REGINA B.

«No estoy segura de tener palabras que puedan hacerle justicia a lo increíble que es este libro. He llorado, reído y tenido unos cuantos momentos reveladores».

—SHALOMIE L.

«A veces, hay momentos en nuestra vida en los que nos hemos enfrentado a circunstancias tan duras que nos sentimos completamente aislados con nuestros sentimientos y no podemos imaginar que alguien más entienda el profundo dolor por el que estamos navegando. Lysa no solo lo entiende, sino que también hace un trabajo extraordinario al expresar con palabras esos sentimientos que nos han dejado sin habla. Me sentí vista y comprendida, y estoy agradecida por su vulnerabilidad y compromiso con la verdad a toda costa».

—JESSICA C.

«La escritura de Lysa muestra un equilibrio maravilloso entre unción y práctica. Me encontré no solo subrayando página tras página, sino además haciendo pausas y permitiéndome procesar su contenido. Lysa me ayudó a desentrañar el profundo dolor que sentía, no solo contra las personas, sino también contra Dios. Afortunadamente, a través de las escrituras compartidas en este libro y la revelación de Lysa, fui capaz de levantarme y sacudirme el polvo. Mi confianza en Dios ha sido restaurada, y estaré eternamente agradecida por eso».

—MADELYNN R.

Otros libros de Lysa

Lo vas a lograr (devocional)

Límites saludables, despedidas necesarias

Perdona lo que no puedes olvidar

Emociones fuertes, decisiones sabias

Más que apariencias

Fui hecha para desear

El lunes empiezo de nuevo

(basado en su libro Fui hecha para desear*)*

LYSA TERKEURST

AUTORA #1 EN VENTAS DEL *NEW YORK TIMES*

QUIERO CONFIAR EN TI,

pero no puedo

Avanzar cuando eres escéptico de los demás, temeroso de lo que Dios permitirá, e incrédulo de tu propio discernimiento

GRUPO NELSON
Desde 1798

Para otros materiales, visítenos en:
gruponelson.com

Para Chaz: tú me ayudaste a ver que la confianza es posible. Te amo.

Contenido

•

CONTENIDO

La confianza rota complica cada parte del

amor que debería ser reconfortantc.

Introducción

El miedo grita más fuerte en este momento

•

Quiero confiar en ti, pero no puedo.

Quiero creer que quieres lo mejor para mí, al igual que yo para ti. Quiero creer que no tienes intenciones ocultas, motivaciones egoístas o algo entre bastidores que me destrozaría si lo supiera.

Quiero creer que las buenas sensaciones que tengo cuando eres amable conmigo seguirán siendo agradables dentro de un mes. Dentro de un año. Quiero creer que me has contado toda la historia y que más tarde no descubriré algo que me haga llorar y sentir el peso brutal del arrepentimiento. Quiero creer que no me quedaré en la cama sollozando por las señales de alarma que pasé por alto o a las que decidí no prestarles atención.

Quiero creer que no estás escribiendo una historia sobre mí y nuestra relación que no se corresponde con los hechos. Quiero creer que tienes la capacidad de distinguir el bien del mal. Quiero creer que tienes sabiduría. Quiero creer que puedo contar contigo. Quiero creer que no me harás daño. Quiero creer que no hablarás a mis espaldas. Quiero creer que eres una persona honesta, buena, justa, piadosa, amable y responsable de hacer y pensar lo correcto.

Quiero creer que tu amor es real y tu cuidado resulta genuino.

Quiero creer que mi relación contigo será tranquila y no caótica.

Quiero creer que me sentiré sabia y no estúpida por confiar en ti.

Quiero creer que siempre me encantará contar la historia de cómo nos conocimos y cuánto tiempo llevamos así de unidos.

Quiero creer que estoy a salvo contigo y que realmente eres mi persona.

Quiero creer que estaré bien si confío en ti.

Pero tengo miedo.

Me he quemado antes. Muchas veces antes.

Temo equivocarme.

Me siento insegura.

Mi ansiedad me dice que corra. ¿Pero acaso construyo mi vida alrededor de la ansiedad?

¿Estos problemas de confianza son realmente desencadenantes de un dolor del pasado? ¿Son señales de alarma legítimas?

Quiero estar bien. Quiero que estemos bien.

Pero me temo que los riesgos son demasiado altos.

Mi corazón me dice que te quiero, pero mi miedo me dice que no es seguro.

Y el miedo grita más fuerte en este momento.

Así que quiero confiar en ti, pero no puedo.

Y aquí es donde apoyo la cabeza en mi escritorio. No sé si llorar o si aguantar esta angustia y mirar fijamente a la pared.

Quiero que mis relaciones más cercanas me garanticen seguridad, honestidad y estabilidad. Sin embargo, no siempre conseguimos lo que queremos. Conseguimos lo que nos toca.

¿Se trata solo de mi experiencia, o es la tuya también? Esta es la confusión que me hizo pensar por primera vez que necesitaba hacer algo con respecto a mi falta de confianza. Si has seguido mi viaje, no necesito ponerte al día de todos los acontecimientos que me hicieron sentir una tonta por permitir que otras personas tuvieran acceso a las partes más vulnerables de mi corazón. Pero, si no lo has hecho, permíteme resumirlo para ti.

Rupturas de amistades. Seres queridos que no me protegieron. Varias traiciones profundamente hirientes y que cambiaron mi vida. Mentiras. Manipulación. La sensación de volverme loca. Descubrimientos estremecedores, una y otra vez. La destrucción de mi matrimonio. Otro par de amistades rotas. Tiempo de duelo. Gratitud por haber podido reparar y restaurar algunas relaciones perdidas. Más dolor por otras relaciones que ya no volverán a ser las mismas. La lucha por saber en quién puedo confiar y en quién no. Pasar de ser demasiado confiada a dudar de casi todo el mundo.

Era agotador. Pero quería seguir adelante. Continuar con mi vida. El problema era que estar sola en la tranquilidad de mi casa se había vuelto mucho más atractivo que abrir la puerta, salir e intentar averiguar cómo volver a confiar cuando casi todos me hacían sentir insegura. Una advertencia perturbadora seguía sonando en mi mente, como un detector de humo cuando le queda poca batería. No era una alarma a todo dar, pero el chirrido agudo tampoco era algo que pudiera ignorar. Aunque me obligaba a aparentar estar bien delante de los demás, el diálogo dentro de mi cabeza seguía haciendo sonar la alarma: *Las cosas no son normales. La gente no es buena. Te arriesgas demasiado confiando en aquellos que piensas que te quieren. Justo cuando crees que estás lo bastante segura para abrirte un poco, te harán daño. Todos tienen secretos. Todos acabarán decepcionándote, traicionándote. No se puede confiar en ninguno de ellos.*

Esos pensamientos se convirtieron en escepticismo, y finalmente en un sistema de creencias desequilibrado. Filtrar a todo el mundo a través de mi dolor me estaba convirtiendo en alguien que nunca había sido antes de sentirme afectada profundamente por la ruptura de mi confianza. Desconfiaba de las verdaderas intenciones de los demás. Empecé a rellenar en mi mente los espacios en blanco de las incertidumbres relacionales con una desconfianza cada vez mayor.

¿Alguna vez te has imaginado todas las *verdaderas* razones por las que tu amigo parecía distante la última vez que lo viste? ¿O has intentado averiguar qué ocultan los miembros de tu familia que dicen una cosa, pero estás segura de que quieren decir otra? ¿O has empezado a hacer suposiciones sobre un compañero de trabajo después de tener una sensación extraña con él, acusándolo mentalmente de que lo que está haciendo podría poner en peligro tu puesto de trabajo? ¿O te has preguntado cuánta libertad le has dado, como jefa, a un empleado que te está dando lo mínimo y no puede trabajar todas las horas que le pagas?

A veces, lo que percibimos da en el clavo y nos ayuda a saber qué necesitamos abordar. Pero otras veces estamos sin ninguna necesidad proyectando cosas en los demás que simplemente no existen. No queremos equivocarnos, pero tampoco sabemos qué hacer a partir de ahora. Este tipo de ejercicio mental resulta agotador y nos hace retener lo mejor de nosotras mismas por miedo a que nos hagan daño. Eso es exactamente lo que me pasaba a mí.

Sin embargo, la causa de que mis problemas de confianza estuvieran en su punto más alto no eran solo las demás personas. También me cuestionaba a mí misma.

Normalmente, era yo quien creía lo mejor de todo el mundo y pensaba que tenían buenas intenciones. Confiar en la gente solía ser fácil. Y en las pocas situaciones en las que me sentía asustada o no tan segura de esa confianza, me tranquilizaba aludiendo a mi discernimiento sagaz. Estaba segura de ser capaz de detectar si algo se estaba descarrilando.

Pero entonces, después de años de evaluar correctamente las situaciones, cuando tuve que afrontar mis propios descubrimientos impactantes, me quedé atónita por lo mucho que había pasado por alto, por cuántas veces había ofrecido el beneficio de la duda cuando no debería haberlo hecho. ¿Qué había pasado con mi capacidad de percibir que algo iba mal?

Ahora no estaba segura de poder confiar en mi discernimiento, el cual siempre había visto como un don bueno de Dios. Incluso empecé a dudar de que pudiera confiar en Dios plenamente. Dejé de sentir la pasión que antes sentía por leer la Biblia, ir a la iglesia o escuchar música de alabanza. Me preguntaba en secreto cómo un Dios bueno podía ver lo que estaba pasando a mis espaldas y no hacer nada para detenerlo o ayudarme a descubrirlo antes de que todo empeorara tanto.

Me cuesta admitirlo, pero me sentía traicionada por Dios. Él había permitido muchas cosas que yo no entendía. En mi mente, tanto daño podría haberse evitado si tan solo él hubiera intervenido de la manera en que yo suponía que lo haría un Dios bueno. Y lo más confuso de todo era que mi sufrimiento parecía no tener fin mientras que las personas que me hacían daño seguían tomando decisiones que no honraban a Dios, pero aparentemente continuaban con sus vidas sin problemas.

Todo mi escepticismo y todas mis dudas sobre las personas que formaban parte de mi vida, sobre mi propio discernimiento y sobre Dios me estaban convirtiendo en alguien a quien ni siquiera reconocía. Alguien que no deseaba ser. No quería renunciar a todas las relaciones, pero tampoco sabía cómo seguir intentándolo, pues me daba cuenta de que podía volver a salir herida. La confianza me parecía un juego de tontos y demasiado arriesgada.

No obstante, la vida nos obliga a confiar.

Cuando mi hija tuvo a su bebé, una enfermera sabia nos dijo: «La confianza es el oxígeno de todas las relaciones humanas». Una relación sin confianza es una relación sin vulnerabilidad ni profundidad. Una relación sin confianza está vacía del tipo de amor que estamos destinados a dar y recibir. Una relación sin confianza es una relación con muy poca vitalidad y con el tiempo sin vida en absoluto.

No hablo solo del amor romántico. Hablo de todas las relaciones en las que deseamos una conexión profunda que sea segura y duradera. Cuando siento ese tipo de calidez con una amiga íntima o un ser querido, eso es mi hogar. Es un refugio que me hace pensar en cómo será el cielo algún día.

Recuerda lo que dice Génesis 2:25: «El hombre y la mujer estaban desnudos, pero no se avergonzaban». La falta de vergüenza a la que se refiere este versículo significa que estaban libres de pecado y aflicciones. Se vieron el uno al otro en su forma desnuda y cada uno aceptó plenamente el don del otro sin ningún temor. Sin embargo, en este lado de la eternidad, el pecado ha causado que esa clase de inocencia y pureza se haya manchado. Entonces, ¿qué hacemos?

¿Qué le pasa a una chica que se siente obligada a confiar cuando simplemente no puede? ¿Y qué le sucede a una maestra de la Biblia de quien otros esperan que sea inquebrantable, pero que se siente abrumada por su confusión acerca de Dios, los demás y sí misma?

El proceso de atravesar por todo eso se asemeja a intentar correr por arenas movedizas. Cuando estaba en medio de ello, no podía detenerme, pues de lo contrario me hundiría y ahogaría en todo ese dolor. Pero cada paso que intentaba dar para seguir adelante suponía un esfuerzo inusual para mí e implicaba una pesadez que no podía quitarme de encima. Quería superar todo aquello rápidamente, pero el dolor me hacía hiperconsciente de cada movimiento. Me sentía obligada a funcionar en cámara lenta mientras los demás se movían a una velocidad normal.

Cuando la confianza se quiebra, la vida se vuelve dolorosamente lenta e incómodamente rápida al mismo tiempo. La incredulidad en cuanto a que esta es tu realidad hace que todo se detenga. No obstante, la realidad del trabajo, las facturas y los niños que necesitan que los lleven al colegio parece irrealmente normal, y lo normal parece demasiado rápido para un cerebro que no puede procesar lo que está sucediendo.

Quiero reconocer plenamente lo difícil que ha sido todo esto para tu corazón y el mío. Quiero dejar lugar para la emoción cruda que tan fácilmente puede salir a la superficie cuando se habla de los acontecimientos que aún puedes estar procesando. Pero, sobre todo, quiero transmitirte con delicadeza algo que he aprendido y a lo que quiero que te aferres mientras seguimos recorriendo estas páginas.

El trauma de que alguien que creías que nunca te traicionaría rompa tu confianza te cambia la vida, pero no tiene por qué arruinártela.

Por ese motivo escribí este libro. He recorrido el camino del dolor y la sanidad durante años. Hubo muchas sesiones de terapia. Mucho

El trauma de que alguien
que creías que nunca
te traicionaría rompa
tu confianza te cambia
la vida, pero no tiene
por qué arruinártela.

trabajo interno. Mucha oración y búsqueda. Muchos cambios de perspectiva y sanidad. Nueva esperanza. Nuevos descubrimientos. Y encontrar una vida que es muy diferente de la que había pensado para mi futuro. No obstante, al final me di cuenta de que lo diferente puede ser increíblemente hermoso.

Ahora estoy saliendo adelante de maneras que nunca creí posibles. Y tú también puedes hacerlo. Quiero tomarte de la mano mientras exploramos lo que nos ha pasado y vemos cómo no solo ha afectado nuestras emociones, sino también nuestros cerebros y sistemas nerviosos centrales.

Sí, el daño de las heridas emocionales realmente va mucho más allá de lo que pensamos. Y si hay personas en tu vida que han minimizado tu dolor o que no entienden lo realmente graves que son las traiciones y la pérdida de la confianza, quiero que sepas que no estás siendo demasiado dramática o excesivamente emocional mientras procesas todo esto. El daño es real. No estoy hablando solo en teoría. He visto lo que una relación disfuncional y traumática puede hacer.

Por muy loco que suene, me hicieron un escáner cerebral.

Me sometí a una serie de análisis y luego a varios estudios, porque quería conocer los hechos. Más que sentir el impacto de lo que había vivido, quería verlo. Quería observar los resultados con un médico que estudia este campo. Y quería que me dijera lo que veía y qué historia le estaba contando mi escáner cerebral. Deseaba saber la verdad.

Cuando me hicieron los estudios, me senté con el Dr. Daniel Amen, médico y psiquiatra especializado en salud cerebral. Juntos, comparamos mis escáneres cerebrales con los de un cerebro perfectamente sano. Fue realmente revelador para ambos que, como resultado de las experiencias que he sufrido, ahora muestro claras evidencias de lo que se llama «el diamante en el trauma».

El Dr. Amen ha realizado estudios con supervivientes de traumas y descubierto que sus tomografías computarizadas «muestran un aumento significativo de la actividad en las áreas límbicas, o emocionales, en un patrón que parece un diamante».[1] Mientras estaba allí sentada con él, observando las pruebas de cómo todo lo que he experimentado en mi vida me ha impactado, sentí que por primera vez podía utilizar las palabras *abuso emocional* sin inmutarme.

Esta es la realidad de cómo las zonas afectadas de mi cerebro han cambiado mi forma de procesar la vida y las relaciones:

- «Giro cingulado anterior: Esta región representa la palanca de cambios del cerebro y te ayuda a pasar de un pensamiento a otro. Un exceso de actividad en ella se asocia con la fijación en pensamientos o comportamientos negativos.

- Ganglios basales y amígdala: Estos son los centros cerebrales de la ansiedad y el miedo, y una actividad excesiva está relacionada con una mayor ansiedad y la predicción de lo peor.

- Tálamo: El tálamo actúa como una especie de estación de retransmisión para el cerebro, y el aumento de la actividad en esta región aumenta la conciencia sensorial.

- En algunas personas, el lóbulo temporal lateral derecho también está hiperactivo. Esta zona del cerebro se encarga de leer las intenciones de otros. Cuando la actividad en esta zona es excesiva, las personas pueden malinterpretar las señales de los demás».[2]

Así que el cambio en la forma en que procesamos las situaciones de la vida y las relaciones después de un trauma abarca algo más que nuestras reacciones emocionales: es un cambio que se produce físicamente en el cerebro. Mientras más aprendo sobre el aspecto físico de lo que nos ocurre cuando nos traicionan, más sentido tiene para mí que muchos tengamos problemas de confianza. Y eso no es algo malo de lo que debamos avergonzarnos. Tampoco es una etiqueta que debamos colocarnos («Bueno, ya sabes, tengo problemas de confianza»), como si fuera una enfermedad o un diagnóstico del que nunca podremos curarnos.

En realidad, ese día el Dr. Amen me demostró que el trabajo que he hecho y sigo haciendo está ayudando a sanar mi cerebro.[3] El trabajo de terapia, el estudio de la Biblia, el EMDR (desensibilización y reprocesamiento a través del movimiento ocular, por sus siglas en inglés; un tipo de terapia de salud mental que ayuda a «aliviar la angustia asociada a los recuerdos traumáticos»[4]) y el cuidado de mi cerebro con suplementos y un estilo de vida más sano están funcionando. Recuerdo que mi terapeuta me dijo una vez: «Tenemos más esperanza y ayuda que problemas». Ahora veo que él tenía razón. Y quiero compartir esa esperanza y ayuda contigo. Así que oro para que este libro desempeñe un papel significativo e importante en tu proceso de sanidad.

Cuando conocemos algunos datos, los problemas de confianza cobran más sentido.

También quisiera destacar que la ansiedad que a menudo acompaña a nuestros temores en torno a la confianza puede estar intentando servirnos, no entorpecernos. Aunque queramos mantener nuestra ansiedad dominada y no dejar que se descontrole, también debemos saber que Dios diseñó nuestros cuerpos para detectar cuándo las situaciones o las personas no son seguras. Piensa en el instinto natural de un animal cuando percibe el peligro. Aunque somos diferentes a los animales, Job 12:7-13 nos dice que Dios nos diseñó con la misma brillantez creativa para usar nuestros sentidos y el discernimiento a fin de detectar el peligro.

El aumento de la ansiedad que experimentamos cuando no estamos seguras de confiar en los demás no significa que estemos rotas. No obstante, sí necesitamos aprender a llevar estos sentimientos a un nivel saludable para que podamos tener un mejor discernimiento y una mayor claridad.

Tú tienes preguntas sobre esto, y yo también.

¿Puedo recuperar la confianza en la persona que me hirió? ¿O la opción más sabia en este caso es la desconfianza?
¿Puedo discernir si alguien está siendo realmente sincero?
¿Puedo seguir confiando en Dios?

Estas son buenas preguntas que vale la pena analizar. No puedo prometerte que tendré todas las respuestas que necesitas. No obstante, he aprendido tanto que quería invitarte a participar en mi viaje para compartir la sabiduría que he adquirido, las herramientas que me han sido útiles, los contratiempos, las victorias y la lucha más profunda que he tenido conmigo misma, con los demás e incluso con Dios.

El subtítulo de este libro es exactamente lo que me apasiona para las dos: *Avanzar cuando eres escéptico de los demás, temeroso de lo que Dios permitirá e incrédulo de tu propio discernimiento.* Entiendo el miedo a volver a intentarlo. Conozco la angustia de tener que dejar ir algunas relaciones en las que no debería confiar. Conozco la indecisión de intentar reparar algunas relaciones para ver si se puede recuperar la confianza. Y conozco la resistencia a conocer personas nuevas y explorar si es posible confiar en ellas, cómo y cuándo.

Sin embargo, también conozco la alegría de adentrarme en temporadas nuevas. Conozco la emoción de sentirme lo suficientemente segura como para conectar profundamente con personas en las que se puede confiar. Sé cuánto valor se necesita para seguir caminando hacia un futuro lleno de posibilidades.

Y te prometo que los riesgos merecen la pena.

Ahora, pasemos a aprender un par de cosas sobre la confianza.

Algo más que quiero que sepas

Esta sección después de cada capítulo suele servir para profundizar un poco más en el tema. Sin embargo, como esta es la introducción y siento la necesidad de protegerte, quiero que sepas algo por si alguna vez te ha pasado: nadie tiene por qué etiquetar a los demás con «problemas de confianza» cuando *todos* los tenemos.

Tengo que quitarme este peso de mi pecho, porque cuando alguien dice que otra persona tiene «problemas de confianza» como si fuera un mal olor que ella desprende, creo que está anunciando su propia falta de conciencia y compasión. Si te soy sincera, una de las razones por las que no quería admitir que tenía problemas de confianza era porque ese término se ha utilizado contra mí.

Esta es la verdad: si a alguien le cuesta confiar, lo más probable es que haya una razón. Tanto si la recuerdan como si no, han tenido una experiencia que les ha hecho estremecerse de angustia y dolor. Por supuesto, dudan de los demás o se resisten a confiar en otros, especialmente en aquellos que les han hecho daño o les recuerdan a alguien en quien confiaron y los hizo sufrir. Es lógico que estas personas se muestren escépticas con respecto a las intenciones de los demás. Y desde luego, analizan a otros con una mayor conciencia de la forma irresponsable y cruel en la que a veces actúan los seres humanos.

A veces, la desconfianza es la respuesta más adecuada.

Creo que eso es lo que ha provocado mucha de la desconfianza en mi vida, la que me hace sentir incómoda, vacilar, y a veces resistirme a relacionarme con ciertas personas. Sin embargo, honestamente, mi problema para confiar en esas personas puede ser un signo de sabiduría, no de debilidad. Y mi tendencia a analizar demasiado sus palabras y acciones, o incluso la sensación que tengo cuando estoy cerca de ellos, puede ser en realidad un ejercicio del discernimiento y no una deficiencia.

En otras ocasiones, tengo problemas de confianza que son más un indicio de traumas pasados que todavía necesito superar que del hecho de que la persona frente a mí esté haciendo algo engañoso. O tengo problemas de confianza porque no quiero arriesgarme a que la gente se acerque lo suficiente para herirme como lo han hecho antes. Existen muchas razones por las que

Ser humano significa *relacionarse*, y relacionarse siempre implica un *riesgo*.

podemos encontrarnos luchando con la confianza, razones que a veces son buenas y otras no tanto.

Hay algo crucial que debemos recordar: nadie logra experimentar la vida sin ser marcado por el dolor. Así que ninguna persona llegará a vivir sin problemas de confianza. Tal vez eso te reconforte o puede que te haga sentir desconcertada. Será una tensión con la que lidiar, no un problema que resolver. Ser humano significa relacionarse, y relacionarse siempre implica un riesgo. No obstante, tener las herramientas adecuadas para abordar mejor este asunto es lo que a muchos nos ha faltado para poder avanzar. En estas páginas, nos disponemos a sentirnos comprendidas en nuestro dolor y a aprender a utilizar estas herramientas en un ambiente seguro de esperanza y sanidad. Es bueno saber que estamos juntas en esto.

Recuerda (afirmaciones a las que aferrarse):

- El trauma de que alguien que creías que nunca te traicionaría rompa tu confianza te cambia la vida, pero no tiene por qué arruinártela.
- Dios diseñó nuestros cuerpos para detectar cuándo las situaciones o las personas no son seguras.
- A veces, la desconfianza es la respuesta más adecuada.
- Ser humano significa relacionarse, y relacionarse siempre implica un riesgo.

Recibe (escrituras para recordar):

«El SEÑOR te guiará siempre;
   te saciará en tierras resecas
   y fortalecerá tus huesos.

Serás como jardín bien regado,
como manantial cuyas aguas no se agotan».
(Isaías 58:11)

«¿Acaso no comprueba el oído las palabras
como la lengua prueba la comida?
Entre los ancianos se halla la sabiduría;
en los muchos años, el entendimiento».
(Job 12:11-12)

Reflexiona (preguntas para pensar):

- Cuando piensas en la palabra confianza, ¿cuáles son algunas situaciones, buenas o malas, que vienen a tu mente de inmediato?
- ¿Cómo has experimentado el hecho de que tu confianza haya sido quebrantada por personas que pensabas que nunca te traicionarían? ¿Qué impacto ha tenido esto en tu vida?

Ora:

Padre celestial:

Gracias por guiarme hasta aquí. Te pido tu ayuda, tu guía y tu sabiduría. Mientras avanzo y proceso las diferentes maneras en que mi confianza ha sido quebrantada, sé que tú recorres conmigo este camino hacia la sanidad. Gracias por estar a mi lado y ser un Padre digno de confianza.

En el nombre de Jesús, amén.

Capítulo 1

Cuando la esperanza se desvanece

•

Si tú y yo estuviéramos hoy sentadas hablando, las dos solas, no pasaría mucho tiempo antes de que quisiera que la conversación fuera más allá de los comentarios incómodos iniciales y se adentrara en lo profundo de nuestras almas. Y el tema al que me gustaría llegar es la forma en que a veces renunciamos silenciosamente a la esperanza. Apuesto a que ambas tenemos razones para querer renunciar, en especial cuando hemos esperado algo durante tanto tiempo que ahora empezamos a sentirnos tontas. Esperar algo que según tu opinión tiene mucho sentido es brutal. Entonces, ¿por qué nuestro buen Dios no lo hace realidad?

Tu alma puede sentirse en carne viva por abrirte a la posibilidad de que «eso» ocurra. Te aferras con fuerza a las confirmaciones que parecen apuntar en la dirección de la respuesta a tus oraciones. Como en un juego de tira y afloja, lo das todo para aguantar. Entonces, finalmente, la resistencia parece disminuir, la cuerda comienza a ser jalada en tu dirección, y esbozas una gran sonrisa, sabiendo que el momento por fin está cerca... pero de repente la cuerda es jalada por la oposición y te caes de lleno sobre tu rostro. Tus manos llenas de ampollas y tu alma exhausta escuecen cuando te arrancan la esperanza a la que te aferrabas. Mientras más te aferrabas a ella, más te duele cuando te la arrebatan.

Para lidiar con la decepción, es posible que digas cosas como:

«Es mejor que reduzca mi deseo de esto a cero».

«Tal vez no tenga que suceder, y me parece bien».

«En realidad, estoy bien sola, porque no tengo ganas de hacer amistades nuevas».

«Esto ya no me importa».

«No debo estar hecha para esto».

«Tomé algunas decisiones realmente tontas en el pasado, así que no merezco aquello por lo que he estado orando».

Y entonces te estremeces por dentro, porque sabes que estás expresando con tu boca algo con lo que tu corazón no está de acuerdo. Sin embargo, ¿qué otra opción tienes? Has clamado a Dios más veces de las que puedes contar y aun así nada parece suceder. Su silencio es ensordecedor. Los resultados son impactantes. La traición es aplastante. El final es decepcionante. La manera en que te han tratado es perturbadora. Las lágrimas que lloras en la oscuridad de la noche parecen no tener fin. Otro «no» es desilusionante.

Creías que esta amistad duraría para toda la vida.

Creías que sanarías.

Creías que él regresaría.

Creías que quedarías embarazada.

Creías que tus padres acabarían estando orgullosos de ti.

Creías que tu hijo estaría bien.

Creías que conocerías al hombre de tus sueños.

Creías que esta empresa tenía en cuenta tus intereses.

Creías que ese líder se preocupaba por ti y que este era un lugar seguro para echar raíces profundas.

Creías que la respuesta de Dios se alinearía con lo que pediste.

Así que, en este momento, renunciar a la esperanza parece la única opción razonable. Después de todo, la esperanza es el riesgo más brutal que existe.

Lo entiendo.

Para mí, la esperanza es el sentimiento de posibilidad más hermoso o es el peor sentimiento de derrota. Atreverse a tener esperanza es exponerse simultáneamente a nuestros mayores deseos y a nuestros más grandes temores. No obstante, si no estamos dispuestas a arriesgarnos a tener esperanza, entonces ya estamos renunciando silenciosamente a un futuro mejor. Las dificultades de hoy nos parecerán mucho más pesadas si limitamos nuestra visión de la vida a las dificultades del presente. Cambiaremos el sueño por el miedo. Intercambiaremos mirar hacia delante con alegría por mirar hacia atrás con tristeza. Sustituiremos la anticipación de las posibilidades futuras por la angustia de quedarnos atascadas en el dolor de lo que sucedió.

Cuando renunciamos a la esperanza, nos volvemos ciegas ante la evidencia de la bondad de Dios que nos rodea. Y si perdemos de vista la bondad de Dios, confiar en él nos parecerá una tontería. Es difícil seguir confiando en Dios y en los demás cuando sentimos que nos defraudan constantemente y no nos ayudan.

A veces necesitamos nuevas perspectivas para empezar a creer que la confianza es posible, que Dios sigue siendo bueno y que todavía hay gente buena en el mundo. Sin embargo, cuando tu vida no se parece a lo que pensabas y las relaciones no se están desarrollando como esperabas, es muy difícil escuchar algo así.

Ya has recibido suficiente dolor y malas noticias. Es hora de recibir algo de esperanza. Hoy, en lugar de llenar nuestros pensamientos con todos los peores escenarios que tememos, quiero desafiarnos a que

Atreverse a

tener esperanza

es exponerse

simultáneamente a

nuestros mayores

deseos y a nuestros más

grandes *temores.*

nos detengamos y digamos: *Pero ¿y si todo sale bien?* Hagamos ahora una pausa y dejemos espacio en nuestros pensamientos para esa nueva pregunta. Puedo tomar la decisión de dejar de alimentar la ansiedad y en su lugar empezar a alimentar la esperanza, recordando los muchos momentos cotidianos en los que Dios *sí* me ha ayudado y en los que las cosas *han* salido bien. Por ejemplo: «He llegado bien al trabajo esta mañana», «Pude pagar la factura», «Mi hijo aprobó el examen», «Tengo salud para hacer todo lo que he hecho hoy», y otras frases por el estilo. El hecho de que se trate de cosas pequeñas que no me han llamado la atención no quiere decir que sean insignificantes. Son la prueba de que la mayoría de las veces las cosas salen bien, y eso alimenta mi esperanza para hoy. Repito, esto no significa negar que sigan ocurriendo cosas difíciles. Sin embargo, recordar todo lo que *está* saliendo bien nos ayudará a equilibrar nuestros pensamientos. Encuentro gran consuelo en la verdad de Eclesiastés 7:14: «Cuando te vengan buenos tiempos, disfrútalos; pero cuando te lleguen los malos, piensa que unos y otros son obra de Dios, y que nadie sabe con qué habrá de encontrarse después».

Aunque no conozcamos los detalles exactos del futuro, podemos confiar y poner nuestra esperanza en un Dios bueno que sí los conoce (Romanos 15:13). Cuando empezamos a sentirnos esperanzadas de nuevo, podemos comenzar a creer que nuestro futuro aún contiene buenas posibilidades. Creer que nos espera algo bueno nos dará el valor para intentar confiar de nuevo. Y quiero asegurarme de que, al emprender este viaje a fin de recuperar la confianza sana, estés equipada con las herramientas adecuadas para ayudar a que este proceso no te parezca tan desalentador, aterrador e imposible.

Poseer las herramientas adecuadas es crucial. Por eso, pasaremos el resto de este libro aprendiendo a usar las nuevas herramientas que compartiré contigo. Sin embargo, no se trata solo de tener herramientas, sino también de tener la confianza para utilizarlas.

Hace algunos años, cuando me preparaba para dar una conferencia en una iglesia, vi cómo se desarrollaba esta cuestión. Estaba sentada detrás del escenario, sintiendo el nerviosismo habitual previo a dar el mensaje, cuando el coordinador del evento me preguntó si quería llevar un dispositivo de plástico alargado enganchado a mi blusa. Creyendo que era una versión moderna de un micrófono de solapa, le expliqué que solo iba a utilizar un micrófono de mano, por lo que no sería necesario llevarlo colgado.

Una mirada inquieta cruzó su rostro. Prosiguió a explicarme que una mujer entre el público había preguntado si yo podía llevar este dispositivo como un favor especial para que ella pudiera escuchar mejor mi mensaje. Por supuesto que quería hacerle el favor a esa mujer, pero como no entendía muy bien la situación, me inquieté. No quería que la blusa colgara o se estirara en lugares que me hicieran sentir incómoda, y no parecía haber ninguna forma discreta de llevar el nuevo dispositivo. Créeme, me he visto en muchas situaciones embarazosas mientras permanezco de pie en el escenario, e intento evitar añadir más historias como estas a mi vida.

Pensando en otras soluciones posibles, fui a buscar al técnico de sonido. Le pregunté si podía enganchar el dispositivo al atril o a mi Biblia, siempre y cuando me mantuviera lo suficientemente cerca como para que siguiera funcionando de forma correcta. Fue entonces cuando recibí más explicaciones. Durante cuarenta y cinco años, la señora del público nunca había podido oír la predicación de un sermón. Ni siquiera había escuchado decir una oración. Su médico había estado trabajando en este dispositivo especial que enviaría el sonido de mi voz de manera magnificada directamente a sus audífonos y le permitiría escuchar como nunca lo había hecho antes. Usar este dispositivo no era solo un favor especial, sino un acontecimiento épico en la vida de esta mujer.

Ahora que había oído toda la historia, me sentía como una tonta por preocuparme por mi blusa. Me coloqué el dispositivo justo debajo de mi mentón, sin importarme en absoluto si la camisa se corría de lugar. Subí a la plataforma, y de inmediato le pregunté a mi nueva amiga si podía oírme. Con los ojos parpadeantes y una sonrisa enorme, asintió. Durante el mensaje, las lágrimas corrieron varias veces por sus mejillas. Lo mismo le ocurrió a su amiga, que estaba sentada junto a ella. Cuando concluí con una oración, supe que esta mujer había obtenido una gran victoria tras su lucha de toda la vida. El regalo de la audición es increíble. Les puedo asegurar que, de todos los cientos de personas que estaban presentes ese día en la congregación, no había nadie que escuchara con más atención que mi amiga con el dispositivo. Ella sabía que necesitaba ayuda para oír. El dispositivo la ayudó a llenar un vacío que no podía llenar por sí sola. Una vez que lo utilizó, pudo escuchar... escuchar de verdad.[1]

La mayoría de nosotras no tenemos los mismos problemas auditivos que esta dulce mujer. Sin embargo, la forma en que la confianza se ha roto o erosionado en algunas relaciones importantes ha sido dolorosa y confusa, y ha reducido nuestra esperanza al más débil de los susurros. Sinceramente, a veces la esperanza está bloqueada por completo. Deseo que la voz de la esperanza se abra paso y que este libro sea el instrumento que nos ayude a escucharla fuerte y claro.

¿Por qué es importante reavivar la esperanza cuando tratamos de resolver los problemas de confianza? Porque sin esperanza de que las cosas puedan mejorar, nos quedaremos estancadas. Dejaremos que el dolor de lo que nos ha sucedido nos afecte de manera negativa hasta el punto de que ya no queramos abrir nuestros corazones y estar plenamente vivas en otras relaciones. No fuimos creadas para vivir con miedo a ser heridas ni para dudar de las relaciones. No fuimos hechas para dejar que el escepticismo sea nuestro filtro principal a través del cual vemos a Dios y a los demás. Tampoco fuimos creadas para dudar constantemente de nosotras mismas y sentir que ni siquiera podemos confiar en nuestro propio discernimiento.

> *No fuimos hechas para dejar que el escepticismo sea nuestro filtro principal a través del cual vemos a Dios y a los demás.*

Fuimos creadas para amar y ser amadas. Fuimos creadas para abrazar a los demás, y para ser sabias y capaces de discernir. Fuimos hechas para vivir seguras de la fidelidad de Dios y para tener esperanza y levantarnos con resiliencia. Fuimos creadas para vivir plenamente. Por tanto, procedamos a averiguar qué hacer con nuestra confianza destrozada.

Algo más que quiero que sepas

A lo largo de este libro, quisiera que utilizáramos un procesamiento compasivo. A veces te encontrarás con algunas frases o párrafos que te parecerán demasiado para las partes más sensibles de tu corazón. Otras veces, podrás sentirte tentada a personalizar la información y a volverla contra ti misma, deseando haber elegido más sabiamente con ciertas relaciones. O algo te exigirá ser sincera sobre cosas que has pretendido durante años que eran mejores de lo que son. Todo esto me ha sucedido a mí al vivir este mensaje.

Tuve que aprender a ser amable conmigo misma. Eso no significa que no reconozca las cosas que necesito mejorar o desarrollar, pero sí significa que no me castigaré por lo que sucedió en el pasado. No podemos cambiar lo que ya pasó, pero podemos cambiar lo que ocurra de ahora en adelante. A medida que aprendemos, crecemos y adquirimos nuevos conocimientos, seremos cuidadosas con los aspectos en los que aún nos sentimos frágiles, y al mismo tiempo seremos valientes a la hora de dar pasos hacia delante.

He aquí una lista de afirmaciones compasivas que podemos decirnos en voz alta y releer cuando sea necesario.

* Voy a ser sincera conmigo misma y a mantenerme
  realista durante todo el proceso. No voy a endulzar las
  cosas ni a hacer que parezcan mejores de lo que son.
* No me responsabilizaré por otras personas ni trataré
  de enmendarlas. Solo me apropiaré de lo que me
  pertenece.
* Seré compasiva conmigo misma, comprendiendo que
  cuando sabes más, actúas mejor. El hecho de haber
  tomado este libro demuestra que quiero saber más
  para poder hacer mejor las cosas.
* En lugar de avergonzarme por no haberme dado
  cuenta antes de las señales de alarma en ciertas
  relaciones anteriores, voy a elegir sentirme
  debidamente convencida para tomar decisiones
  mejores en el futuro. No voy a creer la mentira de que
  ya es demasiado tarde para cambiar.
* Voy a reconocer que soy una víctima del dolor, pero no
  voy a vivir con una mentalidad de víctima. Ahora voy a
  empoderarme para hacerme cargo de mi propia sanidad.
* Sigo creyendo que hay un mundo hermoso con gente
  maravillosa con la que relacionarse, reír, bailar, explorar,
  vivir, y tener un propósito y marcar la diferencia.
* Ahora estoy dispuesta a aprender a confiar de nuevo
  en mi propio discernimiento, a confiar adecuadamente
  en las personas correctas, y a confiar en Dios incluso
  cuando no entiendo lo que está haciendo.

Este tipo de procesamiento compasivo me ha dado la libertad de reconocer en qué puedo trabajar sin castigarme por los errores de confianza que he cometido en el pasado. Y también me ha dado el valor de verme como alguien que se levantará y seguirá adelante.

Recuerda:

○ Atreverse a tener esperanza es exponerse simultáneamente a nuestros mayores deseos y a nuestros más grandes temores.

○ Cuando renunciamos a la esperanza, nos volvemos ciegas ante la evidencia de la bondad de Dios que nos rodea.

○ La esperanza es el riesgo más brutal que existe.

○ No fuimos hechas para dejar que el escepticismo sea nuestro filtro principal a través del cual vemos a Dios y a los demás.

Este tipo de procesamiento compasivo me ha dado la libertad de reconocer en qué puedo trabajar sin castigarme por los errores de confianza que he cometido en el pasado. Y también me ha dado el valor de verme como alguien que se levantará y seguirá hacia adelante.

Recibe:

«Cuando te vengan buenos tiempos, disfrútalos;
pero cuando te lleguen los malos,
piensa que unos y otros son obra de Dios,
y que nadie sabe con qué habrá de
encontrarse después». (Eclesiastés 7:14)

«Que el Dios de la esperanza los llene de toda alegría y paz a ustedes que creen en él, para que rebosen de esperanza por el poder del Espíritu Santo». (Romanos 15:13)

Reflexiona:

- ¿Hay alguna afirmación que te digas habitualmente a ti misma y a los demás para ayudarte a lidiar con tu decepción? *(Consulta la lista al principio del capítulo).*
- ¿Qué circunstancias de la vida te han tentado a querer renunciar a la esperanza?
- ¿Cuál de las afirmaciones compasivas de la sección «Algo más que quiero que sepas» resuena más para ti y por qué?

Ora:

Señor:

Quiero que la esperanza esté presente en mi mente en los próximos días. Ayúdame a concederme gracia y a aceptar tu gracia mientras aprendo y crezco en este aspecto de la confianza en mis relaciones. Me siento frágil, pero valiente, en este proceso. Sostenme y continúa hablando palabras de vida a mi alma cansada a medida que trabajo en este mensaje y lo aplico a mi vida.

En el nombre de Jesús, amén.

Capítulo 2

¿Qué es este sentimiento: discernimiento o un desencadenante?

.

2015.

La despedida parecía precipitada. Ver una maleta alejándose de mí hizo saltar las alarmas. Había una incomodidad que no comprendía. Mi pulso se aceleró y sentí un nudo en la garganta. Intenté con todas mis fuerzas disimular las lágrimas. Me repetía una y otra vez: *Confío en él. Confío en él. Confío en él. Confío en él.* Sin embargo, ¿por qué mi mente estaba entonces en guerra con esta confianza? Mis pensamientos eran una maraña mientras intentaban averiguar qué estaba pasando realmente.

Las posibilidades que corrían por mi mente se sentían como puñales en mi corazón. *No estás a salvo. Está pasando algo que no sabes. Y si lo supieras, te destrozaría el corazón. No te atrevas a confiar en él. No vale la pena correr el riesgo.*

Pero luego mi mente cambió a un diálogo interno diferente.

Estás a salvo. Estás analizando esta situación más de lo que deberías. Y si planteas tus preocupaciones, vas a provocar un conflicto innecesario. Te verás como la única loca aquí. No vale la pena el riesgo.

Y más tarde, hubo otro cambio en mi forma de pensar.

Algo está muy mal. Mis manos empezaron a temblar. *Haz algo. ¡Di algo!* No obstante, mientras mi cerebro se aceleraba, mis palabras se atascaban en algún lugar de mi interior. No podía formar una frase. No encontraba mi voz. Gritaba por dentro, pero callaba por fuera.

Y luego otro cambio.

Contrólate, Lysa. Esto es ridículo. No pasa nada. ¿Recuerdas todas las palabras amables que dijo ayer? Controla estos sentimientos para no darle demasiada importancia a esto y crear todo un drama.

Ahora bien, esta es la parte triste. En este caso, *no* debería haber confiado en absoluto. Estaba discerniendo que algo andaba mal y tenía razón. Algo muy malo estaba pasando.

2023

Varios años después, mucho después de mi divorcio, me enfrenté a una escena similar. Esta vez, fue con alguien con quien estaba saliendo. No me había dado ninguna razón para desconfiar de él. Me trataba bien. Decía la verdad. Estaba donde dijo que estaría. No actuó sospechosamente ni como si estuviera encubriendo algo. Sin embargo, ese día su despedida parecía apresurada. Y como una despedida precipitada en los últimos años de mi matrimonio significaba que algo iba mal, ver una maleta alejándose de mí hizo saltar las alarmas.

Era como si no pudiera notar la diferencia entre ese entonces y el ahora. No importaba que se tratara de una persona completamente distinta; los sentimientos eran los mismos. Era como si el pasado se estuviera repitiendo.

Había una incomodidad que no comprendía. Mi pulso se aceleró y sentí un nudo en la garganta. Intenté con todas mis fuerzas disimular las lágrimas. Me repetía una y otra vez: *Confío en él. Confío en él. Confío en él. Confío en él.* Sin embargo, ¿por qué mi mente estaba entonces en guerra con esta confianza? Mis pensamientos eran una maraña mientras intentaba averiguar qué estaba pasando realmente.

Las posibilidades que corrían por mi mente se sentían como puñales en mi corazón. *No estás a salvo. Está pasando algo que no sabes. Y si lo supieras, te destrozaría el corazón. No te atrevas a confiar en él. No vale la pena correr el riesgo.*

Pero luego mi mente cambió a un diálogo interno diferente. *Estás a salvo. Estás analizando esta situación más de lo que deberías. Y si plantas tus preocupaciones, vas a provocar un conflicto innecesario. Te verás como la única loca aquí. No vale la pena el riesgo.*

Y más tarde, hubo otro cambio en mi forma de pensar. *Algo está muy mal.* Mis manos empezaron a temblar. *Haz algo. ¡Di algo!* No obstante, mientras mi cerebro se aceleraba, mis palabras se atascaban en algún lugar de mi interior. No podía formar una frase. No encontraba mi voz. Gritaba por dentro, pero callaba por fuera.

Y luego otro cambio.

Contrólate, Lysa. Esto es ridículo. No pasa nada. ¿Recuerdas todas las palabras amables que dijo ayer? Controla estos sentimientos para no darle demasiada importancia a esto y crear todo un drama.

En este caso, *sí* debería haber confiado. Estaba discerniendo que algo iba mal, pero me equivoqué. No estaba pasando nada que pudiera hacerme daño.

En la primera situación, lo que se disparó en mi mente fue el discernimiento. Era una advertencia que debería haber escuchado. En esta segunda situación, lo que se disparó en mi mente fue un desencadenante de un trauma pasado. Confuso, ¿verdad? La línea que separa el discernimiento sano de los desencadenantes causados por el dolor del pasado es muy delgada.

Mi discernimiento rara vez viene acompañado de detalles inmediatos. Es un sentimiento provocado por el Espíritu Santo.

Mis desencadenantes rara vez vienen con detalles inmediatos. Son sentimientos provocados por el dolor de mi pasado.

Tengo que orar y clasificar ambas cosas.

Y, a veces, un desencadenante de una situación pasada me proporciona una sabiduría ganada de la experiencia que me lleva al discernimiento. Como he dicho, hay una línea muy delgada.

¿Es una advertencia que podría protegerme? ¿O es una guerra en mi mente que necesito resolver? ¿Cómo sé si se trata del discernimiento? ¿O posiblemente del miedo? ¿O de un desencadenante debido a un trauma pasado? Quiero ser sabia para poder protegerme, pero no quiero causar que aquellos a mi alrededor que son dignos de confianza sufran injustamente debido a mis sospechas alimentadas por traiciones pasadas.

Y esa es mi lucha con la confianza. Me imagino que tú también has luchado con esto a veces.

A la típica usanza de Lysa, no podía quedarme sentada con estas preguntas. Sentí que debía tener algún tipo de lista de comprobación o una investigación científica o algo que me ayudara a saber qué hacer cuando las campanas de alarma sonaran en mi cabeza. Leí, investigué y traté el tema con amigos. Una de esas amigas también es una consejera profesional licenciada que entendía a un nivel muy personal el camino de la sanidad que yo había estado recorriendo. Ella también tuvo su propia experiencia de lucha con la confianza.

Me dijo que mis preguntas eran buenas y comprensibles. Mi cerebro intentaba averiguar si estaba a salvo o no. La incertidumbre me provocaba ansiedad. Y dado lo que había vivido en el pasado, no es de extrañar que me sintiera tan insegura.

No obstante, ella me animó a dejar a un lado mis preguntas. En lugar de eso, quería que le contara más sobre lo que estaba experimentando en mi cuerpo y qué historia me estaba contando a mí misma a causa de esos sentimientos.

Cuando la despedida me pareció precipitada y lo vi colocar la maleta en su camioneta, enseguida empecé a temblar. Sentía que mis emociones eran demasiado grandes para digerirlas. Miedo. Decepción. Dolor en el pecho. La historia que me conté era que había una razón para que la despedida fuera rápida y que esa razón me haría mucho, mucho daño. Y que me estaban ocultando información. Cuando finalmente me enterara de toda la historia, me destrozaría el corazón otra vez.

Mi amiga asintió con la cabeza, dejándome saber de nuevo que lo entendía y reconociendo que la forma en que me sentía estaba relacionada con el trauma relacional por el que había pasado y que finalmente me había llevado al divorcio. Luego dijo algo profundo: «Esa experiencia de la maleta en esta nueva relación estaba demasiado cerca del límite». En otras palabras, mi sistema nervioso me estaba haciendo saber que me hallaba demasiado cerca de una situación que me había hecho daño anteriormente. Y la conexión de estas dos experiencias hizo que mi miedo se disparara. Las despedidas apresuradas en mi relación anterior hicieron que esta despedida rápida se sintiera como si la traición pudiera estar ocurriendo de nuevo.

Algunas personas creen que los peores escenarios nunca ocurren. Mi experiencia me hace pensar lo contrario. No obstante, atribuir automáticamente la traición y las decepciones de una relación pasada a una relación nueva no solo sería injusto y potencialmente perjudicial, sino que podría ser contraproducente.

«¿Y ahora qué?», pregunté. Me sentía atascada. No quería sacar a colación este asunto complejo y causarle un daño potencial a la nueva relación. Sin embargo, tampoco podía fingir que no me preocupaba.

Sin dudarlo, me respondió: «Investiga».

Su firmeza al decirme que investigara me resultó chocante, pero también me dio fuerzas. Había pasado años en mi relación anterior con mucho miedo a investigar, porque pensaba que lo único que se demostraría al final era que yo tenía problemas de confianza. Que estaba loca. Que estaba dejando que mi creciente ansiedad nublara mi juicio. Además, quería creer lo mejor de la persona que amaba.

Investigar no me parecía bien.

Sin embargo, al mirar en retrospectiva, lo que en realidad estaba mal era que una vez había estado en una relación en la que sentí la necesidad de investigar, pero tenía demasiado miedo de hacerlo. Así que, en lugar de investigar para verificar lo que me decían, seguí haciendo preguntas con la esperanza de obtener respuestas que tuvieran sentido. Pero las cosas no cuadraban. Y cuando pedí más explicaciones, me avergonzaron por mi preocupación. Así que mi sistema nervioso central estaba haciendo el trabajo para el cual Dios lo creó. Enviaba señales de alarma constantes. No obstante, en ese entonces me sentía incapaz de averiguar de qué se trataba esta advertencia.

Amiga, por favor, acércate.

Está bien necesitar más información.

Está bien hacer preguntas y verificar lo que es cierto.

Está bien ser sincera sobre lo que podemos y lo que no podemos manejar.

No basta con que me digan que estoy a salvo; necesito creerlo por mí misma.

Mi consejero, Jim Cress, me enseñó que el cerebro humano siempre busca la confianza en el conocimiento. En otras palabras, en la medida de lo posible, necesito saber lo que ocurre para poder confiar en que estoy a salvo.

No obstante, los hechos no son lo único a lo que debemos prestarle atención cuando evaluamos si es seguro confiar en otra persona. Los sentimientos también son cruciales. La seguridad es tanto un hecho como un sentimiento. Por lo tanto, la confianza es tanto un hecho como un sentimiento. No basta con que me digan que estoy a salvo; necesito creerlo por mí misma. De lo contrario, mi estructura neurológica desencadenará las estrategias de defensa automáticas de lucha, huida o parálisis. Este proceso se denomina *neurocepción*.

Bien, esto está a punto de ponerse un poco técnico, pero somos chicas listas, y este tema resulta fascinante. Además, piensa en lo divertido que será hablar de esto con tus amigas mientras toman un café, como si lo supieras de toda la vida. ¡Tus amigas quedarán sorprendidas! Encontré esta investigación muy interesante sobre la neurocepción, un concepto desarrollado originalmente por el psicólogo y neurocientífico Dr. Stephen Porges:

> En esencia, la neurocepción es el proceso por el cual los circuitos neuronales determinan si una situación o una persona es segura, peligrosa o pone en peligro la vida. A diferencia de la percepción, que es un pensamiento cognitivo, la neurocepción implica procesos cerebrales que funcionan fuera de la percepción consciente. Las evaluaciones neuroceptivas pueden producirse con extrema rapidez y sin que nos demos cuenta. Si las señales sociales desencadenan una neurocepción de seguridad, nuestro cuerpo entra en un estado de tranquilidad. Nos sentimos serenos y podemos relacionarnos socialmente con los demás o atender asuntos con facilidad [...] Cuando las situaciones parecen de riesgo, las áreas específicas del cerebro que regulan las estrategias de defensa se activan. Entonces, incluso el comportamiento neutro o social se enfrenta instintivamente con la agresividad o el retraimiento.[1]

Bueno, eso explica por qué intento constantemente evaluar la seguridad antes de relacionarme. Si alguien me parece inseguro, me retiro. Nunca he entendido por qué siento una sensación de inseguridad tan intensa, incluso cuando una persona no me amenaza físicamente. Cuando me siento insegura emocionalmente por algo que alguien dice o hace, siento un deseo inmediato de alejarme también de esa persona, o al menos de darle la menor información posible sobre mi vida. Por lo tanto, en mi caso, cuando me siento emocionalmente insegura, tengo una reacción física.

Me resulta muy interesante que, desde el principio de los tiempos, vemos esta misma reacción física al miedo y la desconfianza manifestarse en las personas de la Biblia. (Si me conoces, sabes que tengo una obsesión con los capítulos 1 al 3 de Génesis... ¡así que aquí tienes!). En Génesis 3, cuando Adán y Eva comieron del fruto prohibido y sus ojos fueron abiertos no solo a su desnudez, sino también al conocimiento del mal, seguramente sintieron miedo. ¿Cómo reaccionaron cuando Dios se les acercó? Se apartaron y se escondieron. Luego se pusieron a la defensiva y tuvieron una actitud acusadora: Adán culpó a la mujer, y la mujer culpó a la serpiente.

Este mismo patrón se encuentra también más adelante en la Biblia. No olvidemos la reacción de los discípulos cuando Jesús fue arrestado (puedes leer al respecto en Mateo 26:47-56, Juan 18 y los otros Evangelios). Ellos se retiraron. Negaron conocerlo. Incluso Pedro, quien sacó su espada y le cortó la oreja a Malco (un siervo de Caifás, el sumo sacerdote) en defensa de Jesús, se apartó cuando sus esperanzas de revolución fracasaron y Jesús fue detenido. Pedro negó a Jesús tres veces. Qué vaivén de emociones: primero, estaba tan seguro que desenvainó la espada, y al momento siguiente sintió que el miedo se apoderaba de él al ser consciente de lo que, desde una perspectiva terrenal, parecía el fracaso de Jesús. Pedro corrió a esconderse.

Hola. Soy yo. Yo también tengo esta reacción. Cuando las situaciones me parecen arriesgadas, quiero retirarme. De vez en cuando, cobro confianza y digo las cosas de una manera más directa de lo que lo haría normalmente. Y a veces hago ambas cosas. No se trata de que estas reacciones sean necesariamente malas, a menos que se conviertan en formas malsanas de afrontar la situación. Si mis reacciones empiezan a dañar la relación, entonces hay un problema.

Con la segunda de mis dos escenas de la maleta, el problema no era que esta persona estuviera realizando actividades secretas que pudieran traicionar mi confianza. Tampoco se trataba de que estuviera demasiado herida por el pasado como para volver a confiar. El verdadero problema era que yo no sabía que ver una maleta alejándose sería un problema. No sabía que me impactaría con tanta fuerza. Mi cuerpo no podía calmarse ni sentirse seguro en el contexto de una despedida apresurada. Así que me retraje dentro de mí y solo quería huir de la situación por completo.

Desde entonces, he aprendido que esta es una respuesta bastante común para las que hemos sufrido heridas que nos afectan profundamente. Cada trauma tiene dos partes: el hecho ocurrido y el impacto que tuvo en nosotras. Cuando descartamos nuestros sentimientos y lo que estos intentan comunicarnos, nuestro primer instinto puede ser adormecerlos, ignorarlos, anularlos o avergonzarnos por tenerlos. Analicemos en lo personal cómo se manifiesta cada una de estas respuestas.

1. Adormecer

A veces me resulta difícil averiguar lo que siento cuando el miedo y la ansiedad me invaden. Y cuando no puedo relacionar de inmediato los sentimientos que tengo con la razón exacta que los provoca, me siento al límite e hipersensible. Cuando ocurrió lo de la maleta en mi nueva relación, recuerdo que les dije a mis amigas que «estaba teniendo sentimientos muy fuertes» por una situación que a otras personas les parecería insignificante. Tenía que elegir entre sentir el dolor para llegar a la raíz del problema o hacer algo para que el dolor desapareciera.

Algunas personas adormecen sus sentimientos mirando la televisión. Otras, bebiendo demasiado alcohol o actuando de una forma extrema. Hacemos demasiado ejercicio, nos sobrecargamos de trabajo, comemos en exceso, o nos volvemos autoritarias al controlar a otras personas o situaciones. O nos vamos al extremo opuesto del espectro y nos volvemos letárgicas, desmotivadas, incapaces de comer o retraídas.

Resulta interesante que tomemos este camino del adormecimiento para lidiar con el dolor emocional, de forma similar a como los médicos adormecen a veces nuestro cuerpo para ayudarnos a evitar el dolor físico. La psicóloga social Naomi Eisenberger lo explica así:

> La falta de conexión con los demás produce dolor, no solo la incomodidad de la soledad, sino síntomas análogos al dolor físico. De hecho, algunas de las mismas regiones cerebrales que responden al dolor físico también responden al «dolor social», es decir, a los sentimientos dolorosos asociados al rechazo o la pérdida social.[2]

¿Quién iba a decir que el dolor emocional y el dolor físico estaban tan estrechamente relacionados? Sin embargo, su investigación reveló además que «tomar Paracetamol realmente reducía los "sentimientos heridos", es decir, las experiencias de aislamiento social y rechazo».[3]

Incluso el envase de Paracetamol nos advierte que si el dolor continúa, debemos buscar atención médica. No queremos hacer que este alivio temporal del dolor sea una solución permanente que impida que el cuerpo nos envíe una señal de que hay que examinar algo más. El dolor nos lleva a ser más urgentes a la hora de abordar lo que necesitamos afrontar. Si adormecemos nuestros sentimientos, nos perderemos la advertencia que pueden estar intentando enviarnos. O se nos impedirá mirar debajo del capó para explorar lo que ocurre internamente.

2. Ignorar

Ignorar nuestros sentimientos es otro camino que a veces tomamos en respuesta al miedo. Un artículo reciente de la revista *Time* ofrece información interesante sobre los riesgos de reprimir nuestros sentimientos:

> Las emociones tienen una energía que presiona con el fin de expresarse, y para contenerlas, nuestras mentes y cuerpos utilizan tácticas

creativas, incluyendo la constricción muscular y la contención de la respiración. Síntomas como la ansiedad y la depresión, que están aumentando en Estados Unidos, pueden deberse a la forma en que afrontamos estas emociones subyacentes, automáticas y de supervivencia, las cuales son fuerzas biológicas que no deben ignorarse. Cuando la mente impide que las emociones fluyan porque son demasiado abrumadoras o conflictivas, la mente y el cuerpo se estresan, lo que genera angustia y síntomas psicológicos. El estrés emocional, como el de las emociones bloqueadas, no solo se ha relacionado con enfermedades mentales, sino también con problemas físicos como enfermedades cardíacas, problemas intestinales, dolores de cabeza, insomnio y trastornos autoinmunes.

La mayoría de las personas se rigen por sus emociones sin ser conscientes de ello. No obstante, una vez que te das cuenta del poder de las emociones, el simple hecho de reconocer las tuyas puede ser de gran ayuda.[4]

Leer esto ha resultado muy convincente para mí. ¿Por qué a veces prefiero evitar ser sincera con mis sentimientos para no tener que lidiar con una reacción impredecible de los demás? Creo que reprimo mis sentimientos con la esperanza de que las cosas mejoren por sí solas. Otras veces, no quiero ser lo suficientemente vulnerable como para arriesgarme a que la gente tenga acceso a mis sentimientos más frágiles. En otras ocasiones, estoy demasiado ocupada o parece que hay cosas más importantes que atender, así que sigo adelante con mi vida, actuando como si no tuviera los sentimientos reales que estoy reprimiendo.

El problema con todo esto es que acabaré pagando el precio por este tipo de comportamiento. O bien las emociones causarán daños en mi interior o un día estallarán como una pelota de playa que por fin se libera de permanecer mantenida bajo el agua. Reprimir las emociones me parece bien hasta que me doy cuenta de que, con el tiempo, aquellas con las que no lidiamos corren un riesgo muy alto de causar más daño del que pensé. Mi consejero me recuerda a menudo: «Lo que no resolvemos, lo exteriorizamos».

3. Anular

Cuando siento miedo, a veces acudo rápidamente a una declaración de sabiduría o una escritura para sobreponerme al dolor y obligarme a estar bien. Es bueno y correcto confiar en la sabiduría y el poder del Espíritu Santo, que siempre nos guía a la verdad de Dios. Sin embargo, no debemos anular el mensaje que nuestros miedos y nuestra angustia pueden estar tratando de decirnos.

Una confesión sincera: trato a mis emociones como si fueran un signo de inmadurez espiritual. Me sorprendo a mí misma pretendiendo que no estoy sintiendo las emociones que yacen dentro de mí. Entonces, me encuentro usando las Escrituras como armas contra mis emociones en vez de usar la verdad para ayudarme a procesarlas. Por ejemplo, citaré con rapidez un versículo como 2 Timoteo 1:7: «Pues Dios no nos ha dado un espíritu de timidez, sino de poder, de amor y de dominio propio». La verdad de Dios no me avergüenza porque yo tenga miedo, sino que me recuerda que no debo dejarme consumir por él. Está bien sentir el miedo y escuchar el mensaje que puede estar tratando de enviarme.

Dios quiere que abramos nuestros corazones delante de él y le contemos todo lo que nos preocupa. Vemos esto modelado a lo largo del libro de Salmos. Hay muchos sentimientos de angustia, miedo y confusión expresados sin la presión de ordenarlo todo o tener que minimizar las realidades dolorosas. A Dios no le decepciona nuestra cruda sinceridad con él. Lo hermoso es que eso es exactamente lo que él quiere de nosotras. Y entonces a través de nuestras oraciones, lamentos y procesos vulnerables, Dios puede guiar nuestros sentimientos y ayudarnos a mantenernos alineadas con su verdad.

4. Vergüenza

¿Por qué no eres más fuerte, Lysa? ¿No puedes calmarte de una vez? ¡La mente sobre la materia! ¡Contrólate! No deberías ser tan sensible. Deberías ser capaz de manejar esto. No deberías darle tanta importancia a las cosas. Deberías superarlo y seguir adelante. No deberías reaccionar así.

Es posible que algunas de las frases duras que te dices a ti misma suenen un poco diferentes a las mías. Les he preguntado a algunas de mis amigas cómo les afecta esto, y ellas se han dicho cosas como: «Ya deberías haberlo superado». «Solo tienes que afrontarlo». «No seas dramática. Simplemente olvídalo». «Sigue fingiendo que estás bien para que los demás no piensen que eres débil». «Contrólate. Los demás pueden manejar esto, ¿por qué tú no eres capaz de hacerlo?».

Sin embargo, ¿sabes qué es lo más peligroso de toda esta vergüenza? Puede hacernos arruinar nuestra necesidad de sanidad solo porque nos avergüenza ser humanas. Los humanos a veces nos quebrantamos, y nos duele cuando eso sucede. Se necesita tiempo e intencionalidad para sanar nuestras rupturas.

Imagina que alguien te dijera lo mismo si tuvieras una fractura compuesta en la pierna. ¿Tolerarías que te pidieran que dejaras de ser tan sensible o lo superaras para que los demás no pensaran que eres débil? Desde luego que no. A veces, me avergüenzo a mí misma con afirmaciones que jamás toleraría de otras personas. La sanidad requiere un cuidado amable. Soy muy compasiva con los demás; creo que es hora de que aprenda a tener el mismo nivel de compasión conmigo misma. Así como es sabio no correr con los huesos rotos, también lo es no apresurarse cuando tenemos el corazón roto.

Cuando nos encontramos en un estado de alerta, la ansiedad y el miedo afloran de forma natural. Sin embargo, en lugar de adormecerlos, ignorarlos, anularlos o sentirnos avergonzadas, reconozcamos que hay una razón por la que nuestro cuerpo se ha activado y alarmado. Entonces vamos a poder tomarnos el tiempo para dejar que esos sentimientos nos informen a fin de investigar más a fondo esta situación. Eso no significa dejar que tales sentimientos se desborden y se conviertan en pensamientos catastróficos, pero tampoco hay que ignorarlos.

Seguro que te han dicho exactamente lo contrario. A mí sí. Después de todo, Jeremías 17:9 señala: «Nada hay tan engañoso como el corazón. No tiene remedio. ¿Quién puede comprenderlo?». ¿Acaso no significa esto que debemos ignorar nuestros sentimientos para no dejarnos llevar por ellos? No. Quiere decir que no debemos depositar nuestra confianza en nuestros sentimientos y «seguir nuestro propio corazón» sin que la verdad de Dios nos guíe, nos desafíe y nos muestre el camino correcto a seguir. Curiosamente, todo el capítulo 17 de Jeremías trata sobre la insensatez de colocar nuestra confianza en los lugares equivocados.

El hecho de que nuestros sentimientos no deban dictar lo que hacemos no implica que debamos ignorarlos por completo. Una luz de advertencia en el tablero de tu coche no te dice cómo solucionar el problema, pero sirve para que sepas que algo debe ser investigado más a fondo... y cuanto antes, mejor. Así como el dolor físico nos informa que hay algo en nuestro cuerpo que necesita atención, el dolor emocional también nos alerta de un problema. Si siento miedo, esa es la forma que tiene mi cuerpo de decirme que haga una pausa, piense, considere, investigue, haga preguntas y procese lo que realmente está pasando. Si no te sientes segura con alguien, es imposible que confíes en esa persona.

Sentirse segura es una parte crucial del proceso de evaluación del riesgo.

Para confiar, debo saber y sentir que estoy segura. Por lo tanto, hazte estas preguntas:

- ¿Qué es lo que me hace sentir insegura en este momento?
- ¿Cómo puedo investigar más a fondo lo que mis sentimientos tal vez están tratando de advertirme?
- ¿Hay alguna razón por la que no quiera hacerle preguntas a la persona que me genera esa preocupación?
- ¿Quién puede ayudarme a procesar esto y a descifrar la gravedad de esta advertencia?
- ¿Qué necesito para pulsar el botón de pausa hasta que el asunto esté más resuelto?

El hecho de plantearse estas preguntas no quiere decir que vayamos a obtener soluciones rápidas a nuestras preocupaciones, pero sí significa que estamos tomando la decisión sabia de no ignorarlas. Admitir que tenemos preocupaciones es un gran paso para comprender mejor de dónde vienen nuestros problemas de confianza. Así pues, volvamos a nuestra pregunta original: «¿Qué es este sentimiento: discernimiento o un desencadenante del pasado?».

Te diría que son ambas cosas. Un desencadenante puede significar que necesitamos trabajar más en nuestra sanidad. El discernimiento puede decirnos que vayamos despacio. Nuestro pasado nos informa acerca de lo que puede ir mal. Nuestro discernimiento actual nos recuerda que debemos investigar. Si ambas cosas se hacen con la motivación de sentirnos seguras, entonces debería haber mucha gracia para este deseo, en especial cuando nos han herido repetidamente.

Y si la otra persona con la que nos relacionamos —ya sea que se trate de una relación nueva o de una en la que estamos intentando reparar una confianza rota— tiene un problema con nuestra necesidad continua de sanidad, tiempo y seguridad, entonces esa puede ser la señal de advertencia más reveladora de todas. Por supuesto, nada de esto debe llevarse al extremo, pero está bien decir que no estás bien y luego tomarte el tiempo que necesites para averiguar por qué.

No eres una mala persona ni estás loca por tener dudas sobre la confianza. Eres una mujer que se toma las relaciones en serio y quiere entregar su corazón de las maneras correctas y a las personas adecuadas. Estoy orgullosa de la valentía que tú y yo tenemos al seguir intentándolo, creyendo que las relaciones correctas valdrán la pena.

Algo más que quiero que sepas

Cuando se ha quebrantado la confianza en una relación, los problemas relacionados con ella solo pueden trabajarse en el contexto de la relación. Eso no significa que debamos volver a esa relación anterior en la que nos hirieron para trabajar con respecto a la confianza. (Si eso es posible, estupendo. Pero a veces puede que no sea factible o seguro). Sin embargo, lo que sí implica es que no podemos aislarnos y trabajar en la reparación de la confianza a solas.

Si la confianza se rompió debido a una relación, tiene que ser reparada a través de una conexión segura dentro de una relación. La confianza requiere tanto seguridad como conexión.

¿Me permites decirte que la información del último párrafo no me gustó para nada cuando acababa de sufrir un desengaño amoroso y una traición? No estaba segura de que alguien estuviera a salvo. Lo único que quería era alejarme de los demás. Mi corazón estaba frágil. Mi sistema nervioso había trabajado a toda máquina durante tanto tiempo que la cosa más mínima podía desencadenar una avalancha de miedo y emociones en mi interior. Reaccionaba de forma desproporcionada a situaciones que solía manejar con facilidad. La idea de intentar sentirme segura en otra relación me resultaba incomprensible... especialmente en otra relación amorosa.

Así que no empecé a trabajar en la confianza en una relación con otro hombre. No me sentía preparada, y eso estaba bien. Más que bien. De hecho, creo que fue sabio. En cambio, empecé a intentar sentirme segura en relaciones en las que había existido seguridad y confianza constantes durante mucho tiempo. Puede sonar extraño, pero cuando mi confianza se hizo añicos por la ruptura de mi matrimonio, comencé a sentirme escéptica con todo el mundo. Recuerdo que un día miré a mi mejor amiga, en quien había confiado sin reservas durante años, y me pregunté: *¿La conozco realmente como creo que la conozco?* Estuve muy frustrada conmigo misma hasta que comprendí que esto tenía sentido. Nunca pensé que los demás podían hacerme daño, pero ahora sé que incluso las personas aparentemente buenas son capaces de quebrar mi confianza. Entonces empecé a tomar nota de todas las formas en las que mi amiga demuestra repetidamente que es digna de confianza.

○ Se aparece cuando afirma que estará ahí para mí.
○ Dice la verdad.
○ No hay incoherencias raras en sus historias.
○ Mantiene en secreto lo que le digo en confidencia.

Así que, en la seguridad de esa relación, así como de algunas otras, empecé a ver que confiar era posible con las personas adecuadas.

Luego había otras relaciones que aún quería mantener, pero en las que tenía que establecer límites saludables en torno a temas que representaban desencadenantes para mí. No es que necesariamente fueran relaciones inseguras, pero darles a esas personas demasiada información sobre mi mundo privado no me ayudaba en mi camino hacia recuperar la confianza.

Con cada una de mis relaciones, tuve que ser honesta sobre lo que podía manejar y lo que no durante esta temporada en la que confiar se sentía arriesgado y mi corazón era frágil. Sin

Debemos hacer el trabajo de sanidad en nuestro *interior* para poder hacer el trabajo relacional con los demás a *nuestro alrededor*.

embargo, la cuestión es que no podía esconderme de las personas y trabajar en la confianza.

Tardé varios años en abrirme camino más allá de las personas que ya conocía para plantearme siquiera intentar confiar en gente nueva. Sabía que la mayor prueba de todas sería tener una cita real con un hombre. Después de poner límites claros y tomar medidas de seguridad, sentí que mi corazón estaba dispuesto al menos a intentarlo. Hablaremos de los altibajos en otro capítulo, pero la situación de la maleta acabó ocurriendo con un hombre seguro que estaba dispuesto a acercarse cuando yo me eché atrás. Que estaba dispuesto a desentrañar lo que yo sentía sin personalizarlo ni ponerse a la defensiva. Que estaba dispuesto a elaborar un plan para que las despedidas futuras no fueran precipitadas ni desencadenantes. Y que estaba dispuesto a darme acceso a información sobre sus actividades y su paradero. ¿Y sabes qué es lo realmente interesante? Debido a la forma en que manejó mi preocupación por la despedida apresurada, no necesité nada de esa información adicional que me ofreció. Su paciencia y amabilidad conmigo me dieron una maravillosa sensación de seguridad. Y a partir de ahí me di cuenta de que, con el tiempo, confiar podía ser posible.

No obstante, por favor, escúchame: él no arregló mis problemas de confianza. Eso fue un trabajo interno en el que tuve que esforzarme durante varios años aun antes de conocerlo. Lo mismo ocurre con las amistades nuevas e incluso con las relaciones restauradas con familiares, compañeros de trabajo y otras personas que conozco desde hace mucho tiempo. Aunque la confianza debe repararse en el contexto de las relaciones, no podemos esperar que los demás sean nuestra fuente de estabilidad mental y emocional. Necesitamos conseguir esa estabilidad sanando el trauma que tenemos dentro. Debemos hacer el trabajo de sanidad en nuestro interior para poder hacer el trabajo relacional con los demás a nuestro alrededor.

Así que esta es mi conclusión sobre toda esta lucha con la confianza:

Necesito ser amable conmigo misma.

Tengo que reconocer lo que siento y la historia que me estoy contando a causa de esos sentimientos.

Necesito hacer preguntas. Como dice mi consejero: en lugar de ponerme furiosa, tengo que ser curiosa.

En lugar de hacer acusaciones, necesito realizar una investigación adecuada.

Ser amable es también lo mejor que puede hacer la otra persona.

Ambos podemos reconocer: «Es normal que esto ocurra. Es comprensible. Trabajemos juntos para encontrar las respuestas que necesitas».

No todos serán pacientes ni estarán dispuestos a acompañarte y hablar sobre situaciones de desconfianza como esta. No obstante, estoy descubriendo que las personas en las que más debería confiar están dispuestas a hacerlo.

Recuerda:

○ La línea que separa el discernimiento sano de los desencadenantes causados por el dolor del pasado es muy delgada.

○ No debemos depositar nuestra confianza en nuestros sentimientos y «seguir nuestro propio corazón» sin que la verdad de Dios nos guíe, nos desafíe y nos muestre el camino correcto a seguir.

o No basta con que me digan que estoy a salvo; necesito creerlo por mí misma.

o El dolor nos lleva a ser más urgentes a la hora de abordar lo que necesitamos afrontar.

o Debemos hacer el trabajo de sanidad en nuestro interior para poder hacer el trabajo relacional con los demás a nuestro alrededor.

Recibe:

«Y no se adapten a este mundo, sino transfórmense mediante la renovación de su mente, para que verifiquen cuál es la voluntad de Dios: lo que es bueno y aceptable y perfecto». (Romanos 12:2, NBLA)

«"Porque Mis pensamientos no son los
pensamientos de ustedes,
Ni sus caminos son Mis caminos", declara el SEÑOR.
"Porque *como* los cielos son más altos que la tierra,
Así Mis caminos son más altos que sus caminos,
Y Mis pensamientos más que sus pensamientos"».
(Isaías 55:8-9, NBLA)

Reflexiona:

o ¿Te cuesta distinguir entre el discernimiento y los pensamientos ansiosos ante una determinada situación? ¿De qué maneras?

33

○ ¿En qué piensas cuando lees estas afirmaciones?
  » *Está bien necesitar más información.*
  » *Está bien hacer preguntas y verificar lo que es cierto.*
  » *Está bien ser sincera sobre lo que podemos y lo que no podemos manejar.*

Ora:

Dios:

Este dolor es profundo, y este dolor es real. Ayúdame a discernir mis próximos pasos cuando quiera adormecerlo, ignorarlo, anularlo o avergonzarme en respuesta a una situación desencadenante. Recuérdame tu verdad y tu plan para mí en los momentos en que solo quiera esconderme o desesperarme. Dame el valor que necesito para hacer buenas preguntas y dejarme guiar por la sabiduría.

En el nombre de Jesús, amén.

Capítulo 3

Banderas rojas y raíces de desconfianza

•

Mi amiga Linda me preguntó si podíamos reunirnos para tomar un café. Ella sabía que yo estaba trabajando en un libro sobre los problemas en las relaciones y quería que la ayudara a procesar por qué una preciada amistad que había mantenido durante años se había convertido de pronto en una fuente de gran angustia. Linda y su amiga (la llamaremos «Christi») eran las mejores amigas desde hacía un par de años. Sus vidas estaban entrelazadas. Compartían comidas, vacaciones y tiempo en familia. Se reían mucho, oraban la una por la otra, se desahogaban y se apoyaban mutuamente en los momentos buenos y en los malos.

No obstante, había algo que enloquecía un poco a Linda. Christi estaba comenzando a no cumplir con promesas importantes que le había hecho y olvidaba ciertos acontecimientos de la vida de Linda. Se había olvidado de su cumpleaños y, cuando Linda se lo mencionó, Christi se rio y le dijo: «De todas formas, nosotras celebramos todo el tiempo». O prometía cuidar a sus hijos, pero luego se hacía la desentendida y no cumplía su palabra cuando Linda aparecía. Ella no se disculpaba ni admitía que se le había olvidado. En cambio, les daba prioridad a sus otros planes, lo que ponía a Linda en un verdadero aprieto.

Linda era bastante relajada, así que había sido comprensiva con estos lapsus de memoria.

Hasta hace poco.

Últimamente, se sentía irritada y molesta con Christi. Y si era sincera, se sentía herida, como si no fuera lo bastante importante para que la recordaran.

Christi no reconocía que sus acciones eran desconsideradas y empezó a hacerle sentir a Linda que pretendía demasiado de la amistad. Al mismo tiempo, Christi esperaba que Linda la apoyara siempre que se viera en apuros o necesitara su ayuda.

Linda empezó a sentir una desconexión y cada vez dudaba más de querer seguir relacionándose con Christi. Cuando le dije que estaba lidiando con raíces de desconfianza, se quedó algo sorprendida. Me respondió: «No es que no confíe en ella; es que siento que no puedo contar con ella». Linda no se estaba dando cuenta de que el patrón de Christi de no estar presente ni mantener sus promesas revelaba las características preocupantes de la inconsistencia y la falta de sinceridad. Como resultado, la confianza se estaba erosionando en esta relación.

Antes de comprender que todo esto estaba relacionado con problemas de confianza en su amistad, Linda veía las señales de alarma de que Christi la olvidaba y la dejaba de lado, pero no sabía cómo abordarlas. Pensaba que era mejor manejar sus sentimientos internamente para no entrar en conflicto con Christi, ya que no sabía cómo verbalizar con exactitud lo que la molestaba.

Mientras Linda procesaba todo esto conmigo, me percaté de que podía identificarme con ella en muchos niveles. Y es posible que tú también lo hagas.

He experimentado este tipo de afecto confuso y desigual, el cual con el tiempo puede hacerte sentir que te utilizan, eres tonta y se aprovechan de ti. Lo que hace que esto sea aún más complicado para mí es que sigo pensando que la otra persona cambiará las cosas, ya que en general esta ha sido una buena amistad. Es solo que, con el tiempo, lo que al principio me parecieron errores ocasionales terminaron convirtiéndose en un patrón de comportamiento que va minando mi confianza en esa persona. Podría hablarte de muchas relaciones en mi vida en las que no reconocí las banderas rojas hasta que empecé a sentir que ya no podía confiar en esa persona. Y este es el problema: si dejas que estas banderas rojas continúen y la persona sigue mostrando estas características durante más y más tiempo, el impacto en ti se multiplicará cada vez más. Al principio, una bandera roja puede parecer una preocupación muy pequeña. Pero si la situación sigue ocurriendo y no se aborda, puede convertirse en una dificultad definitoria que destruya la relación.

Cuando escucho decir «banderas rojas», pienso en las que se colocan en la playa cuando hay condiciones que no deben ignorarse. Una bandera roja es una advertencia de que la corriente es demasiado fuerte y no se debe nadar en el océano. En otras palabras, si ignoras esta bandera roja, estás nadando bajo tu propio riesgo. Si te lanzas al océano ignorando por completo la bandera roja, puedes sufrir consecuencias graves.

Las banderas rojas no están ahí para molestarte o ser un aguafiestas en tu día de playa, sino que están ahí para protegerte.

Del mismo modo, las banderas rojas en nuestras relaciones nos alertan de problemas a los que debemos prestarles más atención y que probablemente debamos abordar. Las señales de alarma que ignoramos no suelen solucionarse por sí solas, sino que se convierten en una complicación cada vez mayor. A la larga, pueden convertirse en quebrantamientos graves de la confianza. Por lo tanto, es muy importante ser consciente de estas banderas rojas y reconocerlas. Es posible que sean avisos de que algo no va bien con alguien con quien mantenemos una relación. O al menos una señal de que hay cosas que deben hablarse.

La mayoría de las veces puedo empezar a tener un presentimiento que no deja de invadir mis pensamientos y no desaparece. Siempre he descrito el discernimiento como un conocimiento profundo. Es la capacidad de captar señales que nos permiten reconocer diferencias e incoherencias sutiles, percibir cuándo algo no es como debería ser y sentir instintivamente cuando alguien está siendo deshonesto.

Como dije antes, la desventaja del discernimiento es que no siempre te da detalles. No obstante, el hecho de que no lo sepas todo no significa que no debas prestarles atención a las banderas rojas que ves. Me gusta pensar que el discernimiento es la forma íntima en que Dios cuida de mí, me guía, me reorienta, me advierte y me revela cosas que de otro modo podría pasar por alto.[1]

Muchas veces mi cerebro y mi corazón entran en conflicto, especialmente cuando se trata de relaciones que quiero mantener. Mi cerebro disparará una advertencia, pero luego mi corazón tratará de anularla porque quiero creer que esta persona que amo no me engañaría, sino que realmente se preocupa por mí. Mi corazón inventará excusas para intentar acallar las advertencias que envía mi cerebro.

Tal vez tu corazón sea más escéptico y te resulte difícil confiar en alguien. Cada vez que tu discernimiento se dispara, esta es una confirmación más de que debes mantener distancia en la mayoría de las relaciones, porque hay muy pocas personas en las que confías. La gente piensa que eres una persona muy fuerte, que no te afectan las acciones ni las palabras de los demás, y que eres intimidante o distante. Sin embargo, la verdad es que eres increíblemente sensible por dentro. Tus acciones son el resultado de haberte hecho un voto de autoprotección para que los demás no puedan ni siquiera acercarse con el fin de herir lo que se siente tan vulnerable en tu interior.

Independientemente de cómo estés programada, cuando tu cerebro te envía la señal de que algo está mal o no es seguro, necesitas una forma sabia de examinar la realidad. Parte de usar la sabiduría con tu discernimiento es evitar los extremos. Como acabamos de descubrir en el último capítulo, tanto la seguridad como la conexión son importantes en una relación. Y ninguna de las dos debe llevarse hasta un extremo que excluya a la otra.

El deseo excesivo de seguridad puede significar bajos niveles de conexión.

El deseo excesivo de conexión puede significar bajos niveles de seguridad.

No estoy siendo prudente si anulo constantemente mi necesidad de seguridad solo para mantener la conexión con alguien. Y lo contrario también es cierto. Si llevo mi necesidad de seguridad hasta tal extremo que quiero evitar todos los riesgos de una relación, entonces tendré muy poca conexión con los demás.

Estas dos palabras, *seguridad* y *conexión*, están directamente relacionadas con la salud de la confianza en una relación. Tal vez no estés luchando por llevar la seguridad o la conexión al extremo, pero tienes una relación con alguien que empieza a darte cada vez menos sentimientos de conexión. Lo más probable es que empieces a sentirte cada vez menos segura, como en la historia de Christi y Linda. O, como en el caso de una esposa que encuentra cargos alarmantes en la tarjeta de crédito de su marido, esa indicación de ruptura de la seguridad financiera puede disminuir sus sentimientos de conexión con él.

La seguridad y la conexión están directamente relacionadas con la salud de la confianza en una relación.

Queremos establecer relaciones seguras con los demás. Por eso es importante prestarles atención a las banderas rojas y saber discernir sabiamente lo que pueden estar diciéndonos.

Incluso en las buenas relaciones, las banderas rojas pueden aparecer de vez en cuando. Tal vez tus sentimientos de alarma solo necesitan una conversación aclaratoria, y entonces puedes determinar que no se trata de una bandera roja real, sino solo de un malentendido. O quizás la bandera roja está siendo causada por un pequeño problema con un impacto menor. Más adelante veremos algunas formas de evaluar la gravedad de las señales de alarma. Sin embargo, ten en cuenta que una bandera roja no siempre significa que la relación no sea sana o esté destinada a desmoronarse. La misma puede indicar que hay que hacer algo y que algunas conversaciones intencionadas y sinceras deben tener lugar. En vez de dejar que estas cosas se agraven en una relación, cuanto antes nos ocupemos de lo que está disminuyendo nuestra confianza, mejor. Los sentimientos de confianza pueden fluctuar en las relaciones, porque todos somos seres humanos imperfectos. Siempre debe haber una base de seguridad y conexión con gracia para los contratiempos ocasionales. Sin embargo, no debemos tener miedo dentro de una relación.

Algunas personas creen que cuando amas a alguien, debes concederle una confianza incondicional. Comprendo este sentimiento. Y ojalá todas las relaciones fueran absolutamente seguras, honestas y acordes con la forma en que la Biblia nos enseña a tratarnos los unos a los otros. Ojalá no hubiera posibilidad de que ninguna de las dos personas tomara decisiones que quebranten la confianza. No obstante, todos sabemos que eso no es posible en este lado de la eternidad. Así que, en lugar de aspirar a una confianza incondicional en la que seamos ciegas a las banderas rojas y se espere que las ignoremos, es necesario pasar de la confianza ciega a la confianza sabia.

Si la idea de no confiar incondicionalmente te molesta, lo entiendo. Yo también pensaba así. Pero hablando claro, si hubiera continuado confiando de esa forma en mi matrimonio anterior, eso me habría obligado a pasar por alto comportamientos que eran inaceptables y destructivos para mí. A veces Dios puede llamarte a hacer espacio para que él se mueva en una relación donde hay banderas rojas. Yo también hice eso. No obstante, durante esa temporada fue tanto necesario como sabio tener condiciones y límites claros para ayudar a reparar la confianza.

Confiar con sabiduría requiere que miremos la realidad con sinceridad. Aunque a veces las personas mientan con sus palabras, la verdad acaba revelándose en sus actos. Recuerdo que una vez me quejé con una amiga fiel acerca de que no podía distinguir lo que era verdad de lo que

Es necesario pasar de

la confianza *ciega* a la

confianza *sabia*.

no lo era con alguien que había roto mi confianza. Ella me contestó: «¿De verdad? Porque las acciones de esa persona me transmiten un mensaje bastante claro».

Y tenía razón.

Había banderas rojas con la persona en la que me costaba confiar. Esas banderas indicaban características muy preocupantes. Las acciones de esta persona estaban teniendo un impacto negativo en la seguridad y la conexión de nuestra relación. Y mientras más información obtenía, más me daba cuenta de que esta persona no solo había hecho que la confianza entre nosotros disminuyera, sino que la había roto por completo.

Como acabo de mencionar, las banderas rojas nos sirven mejor cuando hacemos un buen uso de nuestro discernimiento. Así que profundicemos un poco más en esto. El discernimiento es lo que nos da la capacidad de ejercitar el conocimiento «más allá de los hechos dados».[2]

El discernimiento es algo a lo que fuimos llamados como cristianas. Jesús nos prometió antes de ascender al cielo que dejaría con nosotros al Espíritu Santo. Y el Espíritu Santo nos guía a toda la verdad (Juan 16:13). En otras palabras, el Espíritu Santo que mora en nuestro ser nos equipará y nos guiará para discernir entre la sabiduría de Dios y los caminos insensatos del mundo. No debemos permitir o excusar comportamientos que van en contra de la sabiduría de Dios. Debemos actuar con discernimiento.

Tenemos que mostrar discernimiento en nuestra forma de comportarnos. Pero también debemos tener discernimiento en nuestras relaciones. Dios siempre nos equipa para todas las cosas a las que él nos llama. Como dice Proverbios 17:24, las personas con discernimiento tienen como meta la búsqueda de la sabiduría. Una manera en que podemos buscar la sabiduría y practicar el discernimiento es comprometiéndonos con nosotras mismas a reconocer y abordar adecuadamente las señales de alarma en nuestras relaciones.

En las páginas siguientes repasaremos una lista de características preocupantes que pueden ser banderas rojas subyacentes que estás percibiendo. Esto no es algo que pretendemos utilizar para acusar a alguien o provocar problemas innecesarios. No obstante, sí se trata de una herramienta para ayudarnos a encontrar la claridad y el discernimiento, así como también un lenguaje útil para mantener conversaciones sanas y productivas. Podemos utilizar esta lista para comprender mejor las señales de alarma que percibimos y de dónde pueden proceder las raíces de nuestra desconfianza. (No todas las banderas rojas son iguales. En la sección «Algo más que quiero que sepas» te ofreceré una herramienta que te ayudará a evaluar la gravedad de algunas de estas preocupaciones).

Al analizar estas banderas rojas, te darás cuenta de que algunas tienen un significado muy parecido. No te dejes engañar por las similitudes de los significados y ejemplos. Cada bandera roja sirve para ayudarnos a detectar características en los demás (y en nosotras mismas) que nos aclararán por qué podemos estar experimentando problemas de confianza. A medida que vengan a tu mente diferentes relaciones, recuerda darte tiempo para sentarte y orar con respecto a algunas de las revelaciones más difíciles que tengas. Queremos que esta información nos ayude a discernir el nivel de confianza o desconfianza que tenemos con la otra persona. Su objetivo es aclararnos de dónde puede venir la raíz de nuestros problemas de confianza en las relaciones que son potencialmente problemáticas.

Bandera roja # 1: Incongruencia

Esta clase de personas quieren ser percibidas de una manera, pero luego actúan de una forma completamente distinta. Sus palabras no coinciden con su vida cotidiana. En otras palabras, su interior no coincide con su exterior.

Ejemplos:

- Dicen que son trabajadoras, pero no tienen trabajo y siempre encuentran una excusa para explicar por qué esto es culpa de los demás. Luego esperan que otros las mantengan para poder llevar el estilo de vida que desean.

- Dicen que se toman en serio el consejo de su médico de comer sano, pero el extracto de su tarjeta de crédito revela un montón de salidas a restaurantes de comida rápida.
- Se presentan como unos gigantes espirituales sabios y maduros. Sin embargo, carecen de moderación, no tratan a las otras personas con amabilidad ni paciencia, son egoístas, esperan que las traten como especiales, se creen superiores a los demás o piensan que las normas se aplican a otros y no a ellas.

Bandera roja # 2: Inestabilidad

Esta clase de personas te pone nerviosa, porque nunca sabes con qué versión de ellas te vas a encontrar en un día cualquiera. Algunas veces son amables, pero otras no. A veces actúan como si te quisieran, pero en otras oportunidades parecen frías e indiferentes. Todos podemos tener días malos en ocasiones, pero esto es más un patrón de dualidad que te confunde y hace que la relación se sienta inestable.

Ejemplos:

- No estás segura de si te defenderán o te traicionarán si oyeran a alguien decir cosas hirientes sobre ti.
- Te aseguran que no compartirán información privada, pero luego descubres que la utilizaron para mostrar una percepción negativa de ti.
- Se ofrecen regularmente a cuidar a tus hijos mientras tú y tu cónyuge tienen una cita, pero suelen cancelar en el último momento cuando les resulta incómodo o «demasiado».
- Las historias que cuentan difieren en veracidad y exactitud dependiendo de la audiencia.

- Su comportamiento o estado de ánimo cambia de forma drástica según las circunstancias. Se sienten fácilmente tentadas a actuar de forma poco saludable cuando las cosas no les van bien.

Bandera roja # 3: Falta de sinceridad

Las personas poco sinceras te dirán algo que creen que quieres oír, pero en realidad no hablan en serio. Te sientes incómoda cuando te dicen un cumplido o hacen planes contigo sin entusiasmo. A menudo, te preguntas si son sinceras, porque después de estar con ellas inclinas la cabeza y piensas: *¿Lo decían en serio o solo han montado un espectáculo para parecer agradables, atentas e interesadas?*
Ejemplos:

- Dicen algo agradable solo para ponerle fin a una discusión, porque no soportan la confrontación. O te están adulando en un esfuerzo por tranquilizarte debido a que ocultan algo.
- Dicen que se preocupan por ti, pero solo te llaman o te envían mensajes de texto cuando necesitan algo de tu parte.
- Te dicen que quieren encontrarse contigo, pero nunca están dispuestas a hacer planes concretos.
- Te sientes agotada después de estar con ellas por toda la gimnasia mental que supone intentar discernir sus verdaderas intenciones.

Bandera roja # 4: Egocentrismo

Estas personas solo piensan en sí mismas. Es como si el mundo girara a su alrededor. No piensan en cómo sus palabras y acciones afectan a los demás. Pueden ser descorteses y maleducadas, pero cuando se lo comentas, te responden con frases como: «Solo estoy siendo sincera», o te acusan de ser demasiado sensible. Piensan que siempre tienen la razón. Siempre buscan lo que quieren y creen que sus necesidades tienen prioridad sobre las de los demás.

Ejemplos:

- En una conversación, mantienen la discusión centrada en ellas y lo que están atravesando. Rara vez, o nunca, se interesan por ti ni por lo que estás afrontando.
- No les molesta hacer esperar a los demás. No consideran que el tiempo de otros sea tan valioso como el suyo.
- En las raras ocasiones en que intentas desahogarte con ellas, te rechazan, minimizan tu dolor, y luego intentan superarte diciéndote por qué su lucha es mucho más importante que la tuya.
- Te piden prestado el coche, pero cuando te lo devuelven no tiene gasolina y han dejado basura adentro.

Bandera roja # 5: Inseguridad

Estas personas carecen de confianza en sí mismas, así que crean un miedo al abandono muy arraigado en su interior. Esperan que las afirmes y las apoyes lo suficiente, hasta el punto de que intentar ayudarlas te supone una carga agotadora. Es como si desearan que las convencieras de que tienen buenas cualidades que ni siquiera están seguras de que sean ciertas. Estas personas pueden ser celosas, aunque no haya una razón legítima. Necesitan un estímulo incesante para sentirse más estables en sus relaciones. Se preocupan excesivamente por tu lealtad y compromiso con ellas.

Ejemplos:

- Tienden a necesitarte de forma poco realista y dependen demasiado de ti para que las ayudes a estabilizarse o a sentirse mejor consigo mismas.

- Se enfadan contigo por hablar con otras personas en vez de con ellas cuando asisten juntos a una fiesta, porque se sienten inseguras de sí mismas y de su capacidad para expandir horizontes por su cuenta.
- Preguntan constantemente: «¿Estamos bien?», porque se sienten ansiosas con respecto a tu relación, aunque no haya señales de que existan motivos para preocuparse.
- Se enfadan contigo cuando no estás de acuerdo con algo que hacen y te echan en cara que no las apoyas lo suficiente.
- Se ofenden con facilidad porque creen que todo tiene un significado más profundo y negativo para ellas. Buscan continuamente razones para demostrar que no te preocupas por ellas.

Bandera roja # 6: Inmadurez

Estas personas actúan de forma infantil. No piensan en las consecuencias de sus decisiones. Cuando las atrapan en falta, la culpa siempre es de los demás. Cuando algo les molesta o no consiguen lo que quieren, tienen ataques de rabia o episodios de enfado.

Ejemplos:

- Tienden a no asumir su responsabilidad en un conflicto y responden con: «Pero tú...».
- Su comportamiento habitual se corresponde con el de una persona mucho más joven y menos desarrollada emocionalmente que alguien de su edad y en su etapa de vida.
- Carecen de conciencia de sí mismas y parecen emocionalmente insensibles.
- Sienten que las consecuencias de su irresponsabilidad deberían convertirse de repente, en tu emergencia.

Bandera roja #7: Inmoralidad

Se trata de aquellos que carecen de una brújula moral y hacen caso omiso de los principios del bien y del mal. Estas personas no ven ningún problema en participar en comportamientos pecaminosos, ilegales, mezquinos, insultantes o impíos. Pueden parecer íntegros en algunos ámbitos, mientras que participan activamente en una doble vida secreta.

Ejemplos:

- Roban dinero de la casa de sus padres cuando están de visita, porque sienten que tienen derecho a lo que sus padres poseen o se han ganado.
- Mantienen relaciones extramatrimoniales y consumen pornografía adictiva, lo que es destructivo para ellos mismos, su cónyuge y los que los rodean. Sin embargo, lo hacen sin remordimientos ni intención de dejar de hacerlo.
- Justifican fácilmente la mentira y el engaño para progresar en su profesión. Ven sus comportamientos como un medio para conseguir lo que desean y sienten que necesitan mantenerse en la cima.
- Compartimentan ciertas partes secretas de su vida y no se sienten culpables por mentir, engañar y hacer lo que sea necesario para proteger su pecado.

Bandera roja #8: Insubordinación

Estas personas rechazan a las figuras de autoridad. Si alguien intenta hacerles rendir cuentas, toman represalias contra quien ejerce la autoridad y a menudo inician una campaña de desprestigio en su contra. Se hacen las víctimas. No tienen un espíritu enseñable y carecen de la capacidad de ver que las directrices existen por el bien de la comunidad.

Ejemplos:

- Beben y conducen habitualmente sin preocuparse por lo que pueda ocurrirles a ellas mismas o a los demás.
- Se niegan a tomar en serio a su jefe cuando les da una advertencia. No están dispuestas a recibir una corrección razonable ni una retroalimentación en el trabajo, ni las palabras de otro líder positivo en sus vidas.
- Se oponen y se niegan a respetar los límites de los demás.
- Son líderes que no quieren rendir cuentas ante una junta directiva, a pesar de que viven violando los mismos principios que enseñan a los demás.

Bandera roja #9: Incompetencia

Esta clase de persona afirma ser capaz de hacer algo que tú ya sabes que no tiene la formación, la experiencia o el historial necesarios para llevarlo a cabo. No reconocen su incapacidad para hacer algo exitoso hasta que se convierte en un problema demasiado grande para seguir negándolo. Intentan compensar su falta de habilidad con conversaciones convincentes sobre sus progresos o éxitos, pero en realidad las cosas no están saliendo como deberían.

Ejemplos:

- Dicen que no necesitan gastar dinero en un plomero porque pueden cambiar el inodoro sin problemas, pero en realidad no saben lo que hacen.
- Se ofrecen como voluntarias para impartir un seminario sobre un tema en el que no están muy versadas, y no tienen conocimientos ni experiencia haciendo lo que quieren enseñarles a los demás. Por ejemplo, quieren impartir una clase sobre cómo

gestionar las finanzas cuando tienen una gran deuda con la tarjeta de crédito.

- Prometen encontrar a otra persona para ocuparse de determinado asunto, pero luego, sin consultar las reseñas, contratan a alguien que hace un trabajo terrible.

Bandera roja #10: Irresponsabilidad

Estas personas son imprudentes. Tienden a inclinarse por hacer algo divertido en lugar de ocuparse de sus asuntos. No es que sean necesariamente malintencionadas, pero no se toman las cosas tan en serio como deberían. No saben juzgar el tiempo que les llevará hacer algo. Se distraen fácilmente de lo más importante para disfrutar de lo que surja en el momento.

Ejemplos:

- Dicen que van a pagar una factura importante a tiempo, pero luego recibes un último aviso y te das cuenta de que no se lo han tomado en serio ni han cumplido.
- Se ofrecen a ir al supermercado por ti, pero no anotan todo en la lista y se olvidan de un ingrediente crucial que necesitabas para la cena de esa noche.
- Expresan su deseo de acostar a los niños contigo todas las noches, pero la mayoría de las veces se quedan viendo un partido y acabas haciéndolo tú sola.

Bandera roja #11: Sentido exagerado de sí mismo

Una persona con un sentido exagerado de sí misma cree que es tan buena o importante que no podrías arreglártelas sin ella. Te hará rehén de su manera de hacer las cosas, porque cree saber más que nadie. En las conversaciones contigo, se asegura estratégicamente de que sepas que tienes suerte de tenerla, ya que eres incapaz de hacer las cosas tan bien como ella o porque es lo mejor que te ha pasado en la vida. Tú eres el problema y esta persona la solución definitiva.

Ejemplos:

- Tu compañero de trabajo se niega a entregarte parte de una tarea que a tu jefe le gustaría que realizaras, porque no cree que puedas hacerlo tan bien como él.

- El líder de alabanza cree que está tan dotado para tocar la guitarra y cantar en la iglesia, que no va a soltar el control de su posición y dejar que alguien más sirva de esta manera también.

- A veces, estas personas te tratan como si fueras una niña que necesita que la manden y la pongan en su lugar.

- Te maltratan y te dicen que las necesitas porque «nadie más te querrá como yo».

- Creen que son los mejores padres y se niegan a dejar a los niños a tu cargo hasta que aceptes criarlos exactamente igual que ellos.

En última instancia, queremos ver pruebas de que las personas en las que confiamos son gente honesta, íntegra, competente, fiable, compasiva, con buen juicio, humilde y estable. Sin embargo, no siempre es así. A veces las personas no están dispuestas a cambiar o viven en negación. Si una persona vive en negación, no puede o no quiere ver las circunstancias, las relaciones y a sí misma como realmente son. Cuando otros intentan involucrarse o compartir una perspectiva diferente, se alejan de la persona que da el consejo o fingen estar de acuerdo con la sabiduría que se comparte, pero nunca pasan a la acción. Así que las banderas rojas nos ayudan a determinar por qué podemos estar sintiendo desconfianza en nuestras relaciones y qué problemas debemos abordar.

No quiero abrumarte con todas estas banderas rojas y raíces de desconfianza. Pero sí quiero que todas seamos capaces de identificar con mayor precisión cuáles son nuestras preocupaciones cuando nos cuesta confiar en alguien. Espero que este capítulo y el siguiente te ayuden a utilizar un lenguaje más específico y clarificador a la hora de abordar tus inquietudes.

A veces, solo necesitamos ayuda para identificar de dónde viene la verdadera lucha cuando decimos: «Quiero confiar en ti, pero no puedo». Yo estuve atrapada durante mucho tiempo, sin poder verbalizar ni procesar lo que me corroía cuando mis sentimientos de desconfianza eran intensos, pero mis palabras parecían vagas. Después de años de trabajar en el asunto por mí misma, esto es lo que me resultó más útil para decir lo que necesitaba decir, comprender mejor de dónde venían las verdaderas preocupaciones, y finalmente avanzar.

Algo más que quiero que sepas

Una cosa es identificar las banderas rojas, pero también resulta crucial evaluar la gravedad de estas señales de alarma que estamos percibiendo. ¿Hasta qué punto esto es grave? Me he hecho esta pregunta muchas veces. Así que es importante que consideremos varios espectros después de haber identificado una bandera roja, pero antes de haber elaborado un plan sobre qué hacer al respecto. Evaluar las banderas rojas a través de varios espectros te ayudará a no limitarte a decir: «Me cuesta confiar en ti». En lugar de eso, podrás hablar de estas preocupaciones con más especificidad y claridad. Analiza lo siguiente:

- **Espectro de gravedad:** ¿Es crítico, significativo, problemático, inconveniente o menor? Recuerda que cada trauma se compone de dos partes: el hecho y el impacto. Cuando consideres la gravedad, fíjate en ambas para evaluar realmente la gravedad que tiene para ti, basándote en tu forma de ser, tus heridas pasadas y tus necesidades/deseos.

- **Espectro de ocurrencia:** ¿Con qué frecuencia sucede esto: todo el tiempo, a veces, ocasionalmente o no muy a menudo? ¿Es un patrón constante o un error ocasional? Mientras más ocurra, mayor será la probabilidad de que tu sensación de seguridad con esta persona disminuya.

- **Espectro de riesgo:** ¿Cuánto esto te podrá afectar emocional, financiera, mental, espiritual o físicamente? Mientras más intimidad compartas con esta persona, mayor será el riesgo. Es crucial que tengamos en cuenta el costo para comprender las ramificaciones a corto y largo plazo.

- **Espectro de proximidad:** ¿Con qué frecuencia interactúa esta persona contigo? ¿Es alguien con quien vives y a quien ves todos los días? ¿Es alguien con quien interactúas a diario, semanalmente, mensualmente o solo en ocasiones? ¿Interactúan en persona, por teléfono, a través de internet o en las redes sociales? Mientras más frecuentemente estés con esta persona, más te afectarán sus acciones.

- **Espectro de tolerancia:** En esta época de tu vida, ¿cuánto de esto estás dispuesta a tolerar? La escala podría ser así: en un extremo, «nunca estoy de acuerdo con esto»; en el medio, «a veces puedo tolerarlo» o «rara vez me molesta»; y en el extremo opuesto, «ni siquiera aparece en mi radar».

Al considerar las banderas rojas en tus relaciones actuales y potenciales, ten en cuenta estos cinco espectros para poder avanzar. No olvides que las señales de alarma no son tan obvias en las relaciones más recientes, ya que puede llevar algún tiempo detectarlas. Así que concédete ese tiempo. Y por sobre todo, sé sincera con lo que ves y experimentas.

Recuerda:

- Las señales de alarma que ignoramos no suelen solucionarse por sí solas, sino que se convierten en una complicación cada vez mayor.
- El discernimiento es la forma íntima en que Dios cuida de mí, me guía, me reorienta, me advierte y me revela cosas que de otro modo podría pasar por alto.
- La seguridad y la conexión están directamente relacionadas con la salud de la confianza en una relación.
- El deseo excesivo de seguridad puede significar bajos niveles de conexión. El deseo excesivo de conexión puede significar bajos niveles de seguridad.
- Hay una gran diferencia entre la confianza ciega y la confianza sabia.

Recibe:

«Y esto pido en oración: que el amor de ustedes abunde aún más y más en conocimiento verdadero y *en* todo discernimiento, a fin de que escojan lo mejor, para que sean puros e irreprensibles para el día de Cristo». (Filipenses 1:9-10, NBLA)

«Pero cuando venga el Espíritu de la verdad, él los guiará a toda la verdad, porque no hablará por su propia cuenta, sino que dirá solo lo que oiga y les anunciará las cosas por venir». (Juan 16:13)

«La meta del prudente es la sabiduría;
el necio divaga contemplando vanos
horizontes». (Proverbios 17:24)

«Miren, Yo los envío como ovejas en medio de lobos; por tanto, sean astutos como las serpientes e inocentes como las palomas». (Mateo 10:16, NBLA)

Reflexiona:

○ ¿Tu corazón está poniendo excusas o encubriendo a alguien mientras intenta acallar las advertencias que te envía tu cerebro? ¿Qué estás diciendo exteriormente que no coincide con lo que sientes en tu interior?
○ En tus propias palabras, ¿cuál es la diferencia entre la confianza ciega y la confianza sabia? ¿Por qué es tan importante esta diferencia?
○ ¿Qué banderas rojas podrías estar ignorando hoy en tus relaciones?

Ora:

Señor:
Te pido sabiduría y discernimiento para evaluar correcta-mente las banderas rojas a las que debo prestarles atención.

55

Pero primero quiero confesar que todos hemos fallado. Tengo la inclinación, como todo el mundo, a manifestar algunos de los comportamientos que hemos visto en este capítulo. Ayúdame a no caer en un pozo de condenación hacia mí misma o de juicio hacia los demás. Quiero ser inocente como la paloma y astuta como la serpiente (Mateo 10:16). Ayúdame a permanecer humilde. Ayúdame a mirar esta lista con humildad y honestidad, y a dejar que tú me guíes en lo que debo hacer. Ayúdame a recordar que en definitiva mi confianza debe estar anclada en ti y que, mientras permanezca cerca de ti, me darás el discernimiento que necesito. Permíteme ver lo que necesito ver, escuchar lo que necesito escuchar, saber lo que necesito saber, arrepentirme de lo que necesito arrepentirme y confrontar lo que necesito confrontar.

En el nombre de Jesús, amén.

Capítulo 4

Roturas y reparaciones

•

¿No es curioso que de los millones de momentos que viviremos a lo largo de nuestra vida, la mayoría pasarán sin que podamos recordarlos? Estos momentos se convierten en un remolino colectivo de recuerdos generales sin muchos detalles. Por ejemplo, sin mirar el celular, ¿qué estabas haciendo un día como hoy hace exactamente cinco meses a las dos de la tarde? ¿Qué llevabas puesto? ¿Con quién estabas? ¿Qué tenías en tu lista de tareas ese día? ¿Qué te hizo reír? ¿Qué te hizo llorar? ¿Por qué estabas estresada? ¿Qué celebraste? ¿Qué esperabas conseguir ese día? ¿Qué oraciones hiciste? Si fue un día normal, lo más probable es que no nos acordemos.

Haciendo cuentas, a lo largo de mis cincuenta y cuatro años, he vivido más de veintiocho millones de minutos. Mi calculadora se asustó un poco cuando intenté multiplicar esa cifra por sesenta para ver a cuántos segundos equivale. En cualquier caso, son muchos momentos con innumerables detalles que no se registran en mi memoria.

No obstante, hay algunos momentos que quedarán grabados en mi mente para siempre. Puedo recordarlos con tal precisión que es como si estuviera viendo una película dentro de mi cerebro. Puedo contar hasta el más mínimo detalle sin perder el ritmo. Puedo experimentar lo que sentía, sobre todo cuando el recuerdo gira en torno a la angustia inesperada de que una relación no sea lo que una vez creíste que sería. Y aunque he trabajado mucho en mi sanidad interior, a veces sigo sintiéndome un poco aturdida por la ruptura de la confianza.

Nuestros corazones no fueron diseñados para sufrir de este modo. Fuimos creadas para unirnos a otros, no para ser destrozadas por otros. La confianza rota complica cada una de las partes del amor que deberían ser reconfortantes.

Una vez leí que mientras más intensa es la emoción en el momento de crear un recuerdo, más probable es que lo recordemos. Eso ha sido muy cierto para mí.

Uno de esos momentos que pienso que llevaré conmigo siempre fue la noche en que supe que mi matrimonio había terminado. Me quedé mirando al techo, desesperada por despertar de esa pesadilla interminable. Sin embargo, no había forma de despertar. Solo habría un largo camino vadeando entre los escombros. La confianza se había roto muy brutalmente una y otra vez. Incluso el trabajo de restauración que habíamos hecho ahora parecía inútil a la luz de cómo estaba resultando todo.

El desgaste de todas aquellas personas que formaban parte de este doloroso viaje acabó pasando factura. No solo estaba perdiendo mi matrimonio, sino que muchas otras relaciones también cambiarían para siempre. Incluso algunas amistades que creía que resistirían el paso del tiempo se habían desintegrado. Las amistades de pareja son complicadas cuando ya no eres una pareja. La gente toma partido. Y cuando no conocen toda la historia, te desesperas por contársela. Sin embargo, no siempre es posible. Las personas tienen sus razones y sus propios problemas. Algunas te sorprenden.

Los ojos se me llenaron de lágrimas, pero no tenía fuerzas para sollozar como había hecho tantas veces. Era como si mis ojos estuvieran purgando los últimos restos de la esperanza que tenía en cuanto a que esta situación cambiara. En silencio, una tras otra cayeron hasta que se detuvieron.

Y entonces tuve la extraña sensación de que ese era el momento de transición entre la vida que había luchado tan desesperadamente por conservar y la vida a la que iba a entrar, en la que todo era diferente. Susurré la única oración que podía: «Jesús, te amo y tú me amas. Eso es todo lo que tengo».

Ojalá pudiera retroceder en el tiempo y decirme a mí misma que aunque la confianza en esta relación no pudiera repararse, otras relaciones en las que se había roto la confianza sí lo harían. Algunos amigos volverían. Algunos familiares también lo harían. Mis hijos y yo superaríamos el dolor de la pérdida. Y llegaría un día en que empezaríamos a construir una nueva colección de momentos memorables. Buenos momentos que no vimos venir. De hecho, el tiempo no se estancó en esa temporada de angustia. Si hay algo cierto sobre la vida después de una pérdida es que continúa.

Y con el correr del tiempo, algunas relaciones seguirán con nosotras, mientras que otras no.

Algunas no, porque se alejaron.

Algunas no, porque tomamos la sabia decisión de dejarlas ir.

Algunas se desvanecerán. Al igual que cambian las estaciones de la vida, también lo hacen algunas relaciones.

Algunas seguirán tan fuertes como siempre.

Algunas serán más complicadas e inciertas, porque la confianza se ha roto. Pero quizás en lugar de marcharse, se queden. Y tú también te quedarás. Y ahora debe empezar el duro trabajo de la restauración.

Sin embargo, antes de sumergirnos en las formas de reconstruir la confianza, reflexionemos un poco sobre qué es la confianza y cómo contribuye a nuestras relaciones.

Creo que la frase «los lazos que nos unen» es una imagen precisa de las relaciones humanas. La confianza está formada por lazos emocionales increíblemente intrincados pero invisibles que conectan a dos personas. Estos lazos las mantienen unidas. Aportan equilibrio y estabilidad a la relación. Mientras más se respetan tales lazos de confianza, más se fortalecerán. Aunque ninguna de las dos personas pueda ver estos lazos de confianza con sus ojos, sienten la fuerza de la conexión en sus corazones. Y mientras más fuerte es la conexión, más seguras están ambas personas de la calidad de la relación.

Resulta muy gratificante confiar en que puedes contar con las personas clave a las que quieres. Creo que una de las mayores sensaciones de seguridad es saber que, aunque todo lo demás en el mundo se desmorone, sigues teniendo a unas cuantas personas a tu lado.

No obstante, hay algo que nadie me dijo antes. Esas pocas personas, ese pequeño círculo sagrado de conexión humana que crees que nunca cambiará, puede que no esté formado por las mismas personas durante toda la vida. «Amigas por siempre» suena muy bien en una publicación de Instagram, pero la vida real no siempre es así. Las promesas en ocasiones se rompen. La gente se muda, se aleja, fallece, se marcha o te da la espalda. A veces la confianza se quiebra. Otras veces se produce una lenta erosión de la conexión, la cual disminuye la confianza. También ocurren alteraciones repentinas de la confianza cuando dicen algo que no puedes evitar escuchar, revelan algo que no puedes ignorar, o eligen algo que no puedes aceptar. A veces incluso te ocultan información, y en lugar de ser la primera en enterarte, eres una de las últimas.

Y ciertamente, hay ocasiones en las que tú y yo hemos roto la confianza de alguien más. Algunas veces lo sabemos. Otras veces no estamos seguras de lo que hemos hecho. Es bueno que busquemos claridad humildemente. Y si hay algo que reparar y la otra persona está dispuesta, considera en oración qué puedes hacer. Reconozcamos nuestras propias imperfecciones y acordemos releer este capítulo cuando necesitemos arreglar las cosas con otra persona.

Sin embargo, por hoy, leamos este capítulo a la luz de las formas en que otros han quebrantado nuestra confianza.

Con el objetivo de restaurar la confianza rota, primero debemos determinar qué necesitamos de otra persona para considerarla digna de confianza. Mientras lees mi lista, siéntete libre de cambiarla como quieras para que sea fiel a lo que tu corazón necesita a fin de sentirse seguro y protegido.

Mi definición personal de confianza sana con otra persona significa que puedo contar con que…

- es quien dice ser,
- hace lo que dice que va a hacer,
- se muestra atenta y compasiva,
- dice la verdad, y
- hace uso del buen juicio y la sabiduría bíblica en sus decisiones.

Al preguntarles a otras personas sobre la confianza, descubrí que las ideas que la gente tiene sobre lo que es necesario para que alguien sea confiable son únicas. Algunas de las necesidades son similares a las mías, pero se expresan de forma diferente o son más específicas. Comprueba si alguna de estas resuena más profundamente contigo y necesita estar en tu lista de lo que te transmite confianza.

- Es auténtica.
- No comparte información que le pediste que no compartiera con otros.
- Nunca dice: «Probablemente, no debería compartir esto, pero...».
- Muestra coherencia en su forma de tratarte.
- No es temperamental, imprevisible o propensa a los arrebatos de ira.
- Es ingeniosa.
- Puedes contar con ella para lo que necesites.
- Sus relaciones son duraderas.
- Tiene buena reputación.

- Es leal.
- Trata a los demás con justicia.
- Es lo suficientemente humilde para admitir que a veces se equivoca.
- Está dispuesta a rendir cuentas.
- No da rodeos, sino que es franca.
- Está disponible.
- Coopera.
- No escatima esfuerzos ni hace trampa.
- Respeta la propiedad ajena.
- Respeta tu tiempo.

Las buenas relaciones son valiosas. Y el hecho de que la confianza se haya roto no significa que la relación ya no sea buena. A veces la confianza puede disminuir incluso en relaciones sólidas debido a errores tales como que una persona no sea responsable, no cumpla su palabra, o no se muestre atenta y compasiva como debería. Para mí, el principal factor determinante para saber si una persona aún me inspira confianza es cómo reacciona ante mis inquietudes. Me siento más esperanzada si me escuchan sin animosidad y tratan de entender lo que necesito.

Mi consejero dice: «Para cada rotura tiene que haber una reparación». Me gusta mucho este consejo. Abordar las roturas a medida que se producen nos ayudará a lidiar mejor con nuestras preocupaciones antes de que se conviertan en rupturas completas. Los pequeños quebrantamientos de la confianza son insignificantes hasta que dejan de serlo. Piensa en una cuerda a la que se le hace el más pequeño corte en un costado. Al principio, la cuerda se deshilacha sin que nos demos cuenta, hasta que resulta alarmantemente evidente que podría romperse por completo.

También hay ocasiones en las que experimentamos rupturas de confianza mucho más significativas. Las traiciones grandes no solo nos hacen reflexionar, sino que nos hacen sentir que nuestra vida se acaba.

Mientras mayor sea el quiebre, más complicada será la reparación y más tiempo llevará. Los lazos que nos unen son increíblemente fuertes hasta que se vuelven frágiles a causa de decisiones que cercenan lo que debería haberse protegido.

Reparar la confianza que se ha roto de la forma más significativa puede resultar desalentador. Es difícil saber por dónde empezar. Es difícil saber cómo reparar lo que se ha dañado. Es complicado volver a unir lo que nunca debió separarse.

Ahora bien, creo que también es importante señalar lo obvio en cuanto a esto: hay niveles de gravedad en la ruptura de la confianza. Como ya he mencionado, hay pequeños desgarrones y rupturas completas. Si pones estas dos categorías en los extremos opuestos de un espectro, podrías marcar la gravedad de la ruptura de confianza que has experimentado. Solo tú sabrás hasta qué punto te ha afectado.

Cuando empecé a escribir este libro, supuse que este capítulo sería un poco más general. Como si dijera: «Estas son las cosas que rompen la confianza», y luego: «Estas son las cosas que reparan la confianza». No obstante, sería decepcionantemente injusto de mi parte suponer que bastaría con dar respuestas uniformes. Hay muchos factores personales que hacen que la gravedad de la confianza rota sea única para ti:

- La historia de tu familia de origen.
- Rechazos anteriores que hayas experimentado.
- Inseguridades personales.
- Cuán sentimental eres.
- Cuáles son tus prioridades en las relaciones.
- Cuánto te ha costado esa confianza rota.
- Qué tan cercana eres a la persona.
- Cuánto esto cambió las circunstancias de tu vida.
- Tu nivel de tolerancia ante las malas decisiones que tomó la persona.

- Si crees que esta ruptura de confianza es un factor decisivo o no.

La razón por la que debemos primero decidir hasta qué punto nos ha afectado esta ruptura de la confianza, según nuestras propias experiencias, es que esto está directamente relacionado con la cantidad de tiempo que llevará la reparación. Y lo que es aún más importante, determinará si crees que la reparación es todavía posible.

Las rupturas de confianza de bajo impacto suelen poder repararse con una conversación y algunos ajustes. Una vez hecho esto, la confianza puede restablecerse y hasta reforzarse con relativa rapidez. La razón es la siguiente: la mayoría de las veces, la ruptura de la confianza de bajo impacto es en realidad un problema de fiabilidad y no de integridad. Por ejemplo, puedo perder la confianza en ti porque eres olvidadiza. Sin embargo, ser olvidadiza no suele implicar una falta de honestidad, integridad o carácter. La ruptura de la confianza por un problema de fiabilidad suele considerarse un error, pero no un patrón deliberado de engaño intencionado.

No obstante, hay que tener en cuenta que demasiadas rupturas sin reparaciones, aunque sean pequeñas, harán que perdamos cada vez más nuestra confianza en alguien. Cuando el olvido se convierte en un patrón sin progreso positivo, la confianza rota comenzará a sentirse como un problema de integridad. Esa persona ya no es solo olvidadiza. Ahora se está convirtiendo en una persona que no cumple con su palabra.

Reparar la ruptura de alto impacto de la confianza llevará mucho más tiempo y mucho más trabajo. Un amigo me contó una vez que en Alcohólicos Anónimos hay un dicho que dice: «Nueve millas dentro. Nueve millas fuera». Esto me hace pensar en lo lejos que llegó Dios para que no sufriéramos toda la eternidad por nuestros pecados. El quiebre más grande y significativo en toda la creación es el pecado. El pecado rompió la relación entre Dios y la humanidad. Si se necesitan nueve millas para entrar y nueve millas para salir, entonces, en el mismo sentido, esto requirió que Dios se hiciera hombre en la encarnación para reparar la ruptura del pecado. Fue la humanidad la que causó esta ruptura. Así que, como resultado, Dios, a través de Jesús, era el único que podía reparar la relación y proporcionar un camino para una intimidad más profunda con él (2 Corintios 5:18-19). Mientras más profundo sea el daño, más largo será el camino hacia la restauración. Ninguna parte de la reparación de una confianza gravemente quebrantada debe hacerse con rapidez. Se necesita tiempo y un comportamiento creíble para establecer un nuevo precedente.

No te precipites. Quiero que esta sea una de las afirmaciones que lleves siempre contigo: la confianza requiere tiempo y un comportamiento creíble, además de coherencia, para poder establecer un precedente sólido.

La razón por la que se tarda tanto en reparar una ruptura de alto impacto de la confianza es que no solo hay que abordar el comportamiento hiriente. Los problemas de carácter e integridad del agresor son la verdadera fuerza motriz por la que se produjo el comportamiento en primer lugar. Tratar de hablar sobre el comportamiento puede resolver los síntomas, pero si su fuerza motriz no se aborda ni se resuelve, va a ser difícil reconstruir la confianza con esta persona. Lo más probable es que sus elecciones sean un signo externo que indica problemas internos que pueden requerir terapia especializada. Es factible que el trauma de la traición que te causaron sea el resultado de un trauma interno que no se ha tratado. Una vez más, mi consejero me enseñó sabiamente: «Lo que la gente no resuelve, lo exterioriza». No pases por alto esta realidad.

Aunque nunca hayas sido consciente de los traumas pasados de otra persona, eso no significa que no existan. Sinceramente, mientras más aprendo sobre el ser humano, más me convenzo de que todos tenemos traumas sin resolver que pueden convertirse en una fuerza motriz para hacer cosas que hieren a los demás. Sin embargo, esto nunca debe convertirse en una excusa para el mal comportamiento. Somos responsables de buscar la ayuda que necesitamos para no seguir convirtiendo nuestras heridas del pasado en maltrato hacia aquellos con los que convivimos. Y la persona que te traicionó también es responsable de recibir la ayuda que necesita.

Si esa persona se hace la víctima, probablemente no sea prudente intentar recuperar la confianza con ella hasta que aborde sus problemas subyacentes. Sé que es una afirmación fuerte, pero sin duda es algo que debe tenerse en cuenta en este proceso. Y no es tu trabajo arreglarla. Para ver un progreso real, no se puede trabajar más duro en una persona de lo que ella está dispuesta a trabajar en sí misma.

Ahora bien, supongamos que la persona que ha roto tu confianza está dispuesta a reconocer los agravios causados, es capaz de asumirlos y también tiene el deseo de repararlos. ¿Qué debes hacer? El primer paso consiste en comprender mejor el origen del quiebre de la confianza. Empezamos a analizar esto en el capítulo anterior, pero si ahora estas banderas rojas se han convertido en auténticos quebrantamientos de la confianza en tu relación, ¿cómo podemos avanzar en la reparación? Para ello, tendrás que pensar qué hizo la otra persona para quebrantar tu confianza. Pregúntate: *¿Cuál es el origen del problema?* No la cuestión superficial o el síntoma, sino la raíz que han plantado en lugares de carencia no sanados o nocivos que ahora están causando estas rupturas de la confianza contigo. A continuación, hay una lista de posibles respuestas a esa pregunta, junto con las banderas rojas correspondientes del capítulo anterior entre paréntesis para que puedas ver cómo las banderas rojas pueden convertirse en violaciones de la confianza si no se tratan. Considera si el problema de confianza se debe a que la otra persona carece de:

- Integridad (inmoralidad, incongruencia)
- Competencia (incompetencia)
- Confiabilidad (irresponsabilidad, inestabilidad)
- Cuidado y compasión (falta de sinceridad, egocentrismo)
- Buen juicio (insubordinación, inmadurez)

- Humildad (sentido exagerado de sí mismo)
- Estabilidad (inseguridad)

En muchos casos, se tratará de una combinación de varias de ellas. Y a menudo, cuando estas violaciones de la confianza se combinan con una falta de comunicación, es como echar leña al fuego: el daño se agrava. Para empezar, elijamos el asunto que más te preocupa. Identificar de qué carece esta persona que te está causando sentimientos de desconfianza te ayudará a definir más claramente si se trata de una ruptura de alto impacto o de una ruptura de bajo impacto que necesita una solución. Una vez más, tú eres quien debe definirlo en función de cómo te hayan afectado las acciones del otro.

Para algunas personas, una ruptura de la integridad tiene el mayor impacto. Para otras, la competencia puede ser el abuso de confianza más perjudicial. Esto también puede cambiar en dependencia del tipo de relación que tengas con la persona que quebrantó tu confianza. Con tu cónyuge, algunos de estos quiebres de la confianza tienen un mayor impacto que con un compañero de trabajo. En cualquier caso, gran parte de la capacidad para determinar lo que necesitas de la otra persona con el fin de reparar los daños es identificar exactamente el origen de ellos y la importancia que tienen para ti.

Antes de avanzar con demasiada rapidez, quiero que respiremos hondo. Estamos hablando de temas desafiantes y lugares del corazón que son sensibles, así que es posible que necesitemos un momento para asimilar lo que acabamos de leer. Si estuviéramos juntas ahora mismo, te diría: «Salgamos a caminar un rato». Si necesitas derramar algunas lágrimas, déjalas caer. Si estás enfadada, dilo en voz alta. Esto es lo que yo necesitaría: mirar al cielo y ver que no se está cayendo. También me gustaría que nos susurráramos la una a la otra: «Es normal tener emociones fuertes ante grandes violaciones de la confianza. Tú estás bien y yo también».

Una vez que conozcas la raíz de la desconfianza y hasta qué punto te ha afectado, el trabajo de reconstrucción podrá comenzar.

Es momento de hacer otra lista. Lo que he incluido a continuación debe ser una guía, no una lista de comprobación. En el caso de rupturas de confianza de menor impacto, esta lista de lo que necesitas de la otra persona puede reducirse mucho. No todos los pasos serán aplicables y necesarios. (Para ayudarte con esto, he puesto un asterisco junto a los pasos que pueden ser los más apropiados para tener en cuenta en la situación a la que te enfrentas).

En el caso de las rupturas de confianza de mayor impacto, esta lista debería ayudarte a considerar un plan más exhaustivo. Mientras superas lo que te está ocurriendo, te recomiendo que trabajes con un consejero o una persona de confianza que esté específicamente capacitada para tratar traumas por infidelidad. No lo afrontes sola.

También en estos casos es importante contar con algunos amigos de confianza que mantengan en secreto los detalles de tu experiencia y te ayuden a procesar todos los altibajos de esta situación. Para mí, fue un viaje profundamente emocional. No fue ordenado ni tranquilo, ni estuvo exento de grandes decepciones. Sin embargo, una cosa a la que me aferré firmemente fue que mis necesidades importaban. Tuve que asegurarme de eliminar las necesidades y expectativas poco realistas que a veces ponía sobre la mesa, pero tenía muy claro que la voluntad de la otra persona de participar plenamente en el proceso era crucial. Si la otra persona estaba dispuesta, entonces se podría trabajar en las otras cosas que necesitaba de ella.

Nuevamente, has tuya esta lista de necesidades basándote en las circunstancias únicas que has vivido y en lo que ayudará a devolverle la seguridad y la confianza a tu relación.

La otra persona tiene que:

- Revelar completamente lo que hizo. Los detalles no siempre son útiles (no vayas en busca del dolor), pero sé sincera sobre lo que necesitas. Divulgar la información es mucho mejor que estar continuamente descubriendo más sobre lo que pasó.

- Asumir la responsabilidad de lo que ha hecho.*
- Tratar de entender cómo te ha afectado.*
- Reconocer lo que te ha costado.
- Aceptar tus preguntas y deseos de aclaración.
- Darte espacio y tiempo para llorar si lo necesitas sin hacerte sentir culpable, molesta o débil.
- Pedir perdón con un corazón verdaderamente arrepentido.*
- Buscar formas de hacer una restitución.*
- Establecer pautas nuevas en su vida que la ayuden a mejorar en este ámbito.*
- Mantener la constancia, de modo que las pautas nuevas se conviertan en sistemas operativos nuevos y que con el tiempo lleguen a ser la forma natural de hacer las cosas.*
- Cumplir con los pequeños detalles.
- Rendir cuenta de sus acciones.
- Practicar la vulnerabilidad.
- Tratar sus problemas más profundos con un profesional cualificado si es necesario.
- Estar dispuesta a ir a terapia contigo con el corazón listo para participar activamente.
- Ser paciente con tus desencadenantes y preguntar qué necesitas para estar tranquila.
- Darse cuenta de que mientras mayor sea el daño, más tiempo llevará superarlo, y estar dispuesta a dedicar el tiempo y la atención que se necesiten.
- Estar dispuesta a crear en conjunto un nuevo futuro contigo. Ambos tendrán que aceptar que una relación reparada implicará una relación diferente. A veces, eso significa una relación más fuerte que antes. Y otras veces se sentirá más como conocer a alguien por primera vez, aunque lo conozcas desde hace años.

Recuerda que este trabajo de reconstrucción es algo muy personal y adaptado a tus necesidades específicas, así que tómate tu tiempo para pensar qué es lo que te ayudará y qué no. Sé sincera con tu situación a lo largo del proceso. Habrá momentos en los que necesitarás retirarte y tomarte un descanso. Habrá otros momentos en los que querrás avanzar con mayor intencionalidad. Varias veces a lo largo de mi proceso le pedí a mi consejero que programara sesiones mucho más largas que una hora. Lo sentí así durante la revelación de lo que había sucedido y cuán importante fue la traición en realidad. No podía superarlo sola.

El escepticismo se desvanece a la luz de la verdad comprobada.

Cuando me sentí increíblemente insegura y rota, fue crucial contar con la red de seguridad de la presencia y la sabiduría de mi consejero.

La cuestión es que solo tú sabrás lo que necesitas y cuándo. Sé amable contigo misma y sincera con los demás.

Al terminar este capítulo, quiero recordarte un maravilloso regalo que el Señor nos ha dado para ayudarnos en este proceso. El Señor nos ha obsequiado una manera de examinar mejor en quién confiar y qué buscar al reconstruir la confianza. Él nos ha dicho cómo saber cuándo una persona da muestras reales de que el Espíritu de Dios obra en ella y a través de ella. Y es a través del fruto del Espíritu (Gálatas 5:22-25). Busca el fruto en las acciones de una persona y no tendrás que escudriñar sus palabras. Cualquiera puede decirte lo que quieres oír cuando se trata de restablecer la confianza. Pero la verdad se ve en las acciones. Si las acciones de la persona están alineadas con el fruto del Espíritu, lo más probable es que Jesús la esté guiando. Y si Jesús la está guiando, puedes confiar en que él está llevando a cabo su buena obra en ella.

Ahora bien, es posible que te preguntes si aquellos que no son cristianos pueden ser dignos de confianza. Por supuesto que sí. Si tienen una brújula moral fuerte, también pueden mostrar muchas de estas cualidades. Sin embargo, para los creyentes, buscar el fruto de las acciones de alguien es la mejor manera de determinar si se toman en serio el proceso de reconstruir esa confianza. Este fruto producirá el comportamiento creíble que hemos dicho que se necesita para determinar si es seguro restablecer una conexión emocional con esta persona. Es normal ser escéptica. Y, sinceramente, a veces hasta es sensato serlo. No obstante, el escepticismo se desvanece a la luz de la verdad comprobada. ¡Qué reconfortante es reconocer a Jesús en una persona! Cuando alguien produce consistentemente el fruto del Espíritu a lo largo del tiempo, se vuelve menos misterioso. Se sentirá menos peligroso. Su presencia te tranquilizará. Su ausencia no te hará temer lo que pueda estar haciendo.

El amor sustituye al egoísmo.
El gozo sustituye a los arrebatos de ira y la frustración.
La paz sustituye a las exigencias de control.
La paciencia sustituye al carácter irascible.
La amabilidad sustituye a la rudeza.
La bondad sustituye a la ambición egoísta.
La fidelidad sustituye al deseo incesante de autogratificación.
La gentileza sustituye a la severidad.
El dominio propio sustituye a los impulsos desenfrenados.

En lugar de sentirte constantemente tensa mientras intentas averiguar si están siendo sinceros contigo, las evidencias del fruto del Espíritu te infundirán seguridad.

Ahora bien, ¿qué pasa con esas personas que dicen que quieren reconstruir la confianza contigo, pero tienen un plan egoísta? Te dicen con la boca lo que quieres oír, pero siguen haciendo cosas que están fuera de lugar. O siguen guardando secretos hirientes. Están haciendo algunas cosas bien, pero todavía hay otras cosas que te hacen sentir inquieta. Al principio, como se comportan mejor de lo que lo hacían cuando todo se complicó, supones que van por buen camino. Sin embargo, el fruto del Espíritu no se muestra de forma más consistente. Al contrario, cada vez observas menos esas cualidades reconfortantes.

Supongo que cualquiera puede ser un actor y dar un buen espectáculo. Créeme, he visto a algunos adictos y algunos narcisistas que merecen un Óscar. Pero ningún espectáculo puede durar para siempre. Tampoco se puede aguantar la respiración para siempre. Las personas que fingen que algo les importa porque esto sirve a sus propósitos de alguna manera, la próxima vez que las decepciones, tendrán una reacción muy reveladora.

Al final, la verdad —o la ausencia de ella— sale a la superficie. Lo que hay en el interior de alguien siempre empieza a filtrarse. Aunque parezca que esta vez se toman en serio lo de restablecer la confianza, apenas un poquito de deshonestidad empaña sus intenciones. Aunque te digan varias verdades y una sola mentira, el engaño es como gotas de veneno: pone en tela de juicio todo lo que dijeron. Serás especialmente susceptible a que un poco de deshonestidad cause un gran daño cuando una persona está intentando restablecer la confianza contigo.

Una vez acompañé a una amiga cuyo marido iba a someterse a la prueba del detector de mentiras. Ella y yo nos sentamos en el vestíbulo a esperar los resultados. Mi amiga tenía muchas ganas de que su marido pasara la prueba. Se puso muy contenta cuando descubrió que había dicho la verdad en cinco de las seis preguntas que le habían hecho. No obstante, se quedó confundida cuando el funcionario le entregó los resultados, los cuales indicaban que su marido había mentido. Ella le preguntó por qué al parecer las cinco respuestas verdaderas no contaban y la única pregunta con una respuesta engañosa convertía la prueba en un examen fallido. Él la miró fijamente y le dijo: «Su marido no está siendo sincero con usted. Fin de la historia».

En esta prueba, cada pregunta era crucial. No había tal cosa como una pequeña mentira. Fue la inconsistencia lo que le dijo al funcionario todo lo que necesitaba saber.

En este proceso puede existir la gracia, pero no debe ser una gracia descuidada en la que se pasen por alto los engaños.

Repito, la confianza se construye a través del tiempo y con un comportamiento creíble. Debes tener ambas cosas. Y cuando las dos están presentes, se puede establecer un nuevo historial. Mientras más tiempo tenga el historial coherente de fiabilidad de alguien, más creíble se volverá esa persona y más podrás finalmente relajarte.

Por supuesto, nadie es perfecto. Lo más probable es que haya tropiezos en el proceso de reconstrucción. Sin embargo, no habrá mucho margen para el engaño. La verdad tiene que ser la verdad. Y solo tú conoces tu tolerancia a las incoherencias.

Las relaciones siempre implican un riesgo a sufrir. La confianza siempre tiene una parte de riesgo y una parte de recompensa. Sin embargo, cuanto más se minimizan los riesgos, más aumentan las recompensas. Y en algunas relaciones, la gran recompensa será el restablecimiento de la confianza.

Estoy muy agradecida de que la confianza rota no siempre signifique el fin de una relación. Es hermoso cuando los daños se reparan como es debido. Incluso en algunos casos, como las reparaciones requieren una buena comunicación, esas relaciones se fortalecen. Está mucho más claro lo que cada uno necesita y desea en la relación. Hay menos misterio. Hay más vulnerabilidad. Y hay una conexión más auténtica.

Tengo relaciones en las que esto es maravillosamente cierto. Puede haber mucha alegría con la restauración de las relaciones. No obstante, también cargo con la pena de otras relaciones de las cuales había que liberarse. Este viaje me ha demostrado que soy más fuerte de lo que creía. También me ha mostrado que tengo cicatrices que, si bien han sanado, todavía son muy sensibles al tacto. Mi corazón es fuerte y a veces un poco más frágil de lo que solía ser.

A causa de lo que he atravesado, es probable que siempre existan momentos en mis relaciones en los que tenga destellos de miedo. Las preguntas del tipo «¿Qué pasaría si...?» que vienen a mi mente pueden hacer que me ponga tensa y me prepare momentáneamente para que me rompan el corazón sin necesidad. Pero ahora sé qué hacer con toda esa energía nerviosa. No la descargo de manera injusta en las personas que quiero, haciéndolas pagar por los pecados de personas de mi pasado, sino que cierro los ojos y me recuerdo a mí misma que debo relajarme. Me pregunto qué es verdad en ese momento y qué no lo es. Oro y pido sabiduría. Pido ayuda si necesito procesarlo con alguien de confianza. Hago las preguntas adecuadas. Busco el fruto o la falta de este. Y me apoyo en la sanidad y la sabiduría que ahora he adquirido. Me han derribado antes y es posible que me derriben otra vez. Sin embargo, sé una cosa de mí misma: no soy una chica que se queda derrotada.

Esto me recuerda un consejo que me dio una vez un instructor de paracaidismo. (Nota al margen: no, no salté de un avión, pero sí desafié la gravedad en un simulador de paracaidismo). Antes de meterme en el gran tubo que me lanzaría al aire, el instructor me dijo: «Vas a querer ponerte tensa y posiblemente te agites un poco, ya que todo esto es nuevo para ti. Pero el secreto es relajarse, estirar las piernas y mantener el mentón alto. Cuando te relajes, no te asustes si al principio sientes que te hundes hasta demasiado cerca del fondo. Puede que te hundas un poco, pero luego te levantarás». Y tenía razón. El tiempo que pasé en ese tubo no tuvo tanto que ver con mi deseo de ser una buena paracaidista de interior. Tuvo que ver con la victoria que experimenté cuando quise entrar en pánico, pero no lo hice. Dejé que mi cuerpo liberara toda la tensión sin intentar controlar nada. Confié en el proceso y dejé que mi cuerpo se hundiera. Y antes de darme cuenta, me elevé.

El hundimiento fue el precursor de la elevación.

Amiga, todos esos recuerdos dolorosos sobre la pérdida de la confianza y los engaños hirientes —medias verdades, verdades omitidas, verdades ocultas y mentiras directas— a veces se abrirán paso hacia tus pensamientos cotidianos. Esas traiciones siempre formarán parte de

Es posible que vivieras

momentos en los que

te hayas *hundido*, pero

ahora es tu momento

de *levantarte*.

tu pasado. Sin embargo, recuerda que son solo una página o posiblemente un par de capítulos, pero ese dolor no es tu historia completa.
Es posible que vivieras momentos en los que te hayas hundido, pero
ahora es tu momento de levantarte. Brindo por los mejores momentos
y los recuerdos más hermosos que están por llegar.

Algo más que quiero que sepas

(Esta sección es difícil de leer. Si no estás de humor para leer
algo sobre relaciones que probablemente no saldrán adelante,
siéntete libre de saltarte esto por ahora).

Hay personas que cometen traiciones que alteran la vida, for-
jadas con engaños continuos, falta de preocupación por el daño
que han causado y problemas de carácter profundamente arraiga-
dos que harán que intentar reparar la confianza sea una búsqueda
inútil. Es imposible reparar y construir una confianza que se sigue
rompiendo. Si alguien no ha confesado completamente el alcance
de su traición con toda la sinceridad que deseas, entonces trabajar para confiar en esa persona solo producirá más y más dolor.

He estado en una situación en la que mi deseo de salvar una
relación nubló mi juicio sobre qué era honesto y qué no. Para
mí, el mayor indicador de que estaba intentando confiar en
alguien que no lo merecía era que yo continuaba encontrando
más y más información hiriente. Esperaba que estuviéramos
progresando, cuando la verdad era que ni siquiera estábamos
en la línea de salida.

El otro indicador de que la reconstrucción de la confianza
no iba a funcionar con esta persona era su reacción cuando yo
cuestionaba algo que me parecía extraño o provocador. A veces
se mostraba paciente con mis preguntas. Pero otras veces se

evidenciaba una animosidad que solo empeoraba mis sospechas legítimas y comprensibles. Declaraciones como: «En serio, ¿aún no lo has superado? ¿Cuánto tiempo más voy a tener que responder a preguntas sobre lo que hago y dónde he estado? No estoy haciendo nada malo. Estás actuando como una loca». Lo que yo quería era una declaración del tipo: «Teniendo en cuenta la historia de lo que sucedió, por supuesto que te puso nerviosa que no estuviera donde dije que estaría. ¿Qué necesitas de mí ahora para tranquilizarte? Consideremos la información que necesitas para sentirte segura. Y hagamos un plan para que esto no vuelva a pasar».

Sin compasión, honestidad, humildad y arrepentimiento verdadero por parte del transgresor, lo más probable es que la confianza rota siga así. La confianza requiere que ambas partes estén dispuestas a trabajar en el proceso de reconstrucción.

Seguramente hubo ocasiones en las que hemos esperado que alguien sea lo que nosotros queremos que sea. Hemos esperado que sean dignos de confianza. Lo hemos dado todo, pero a veces esto es conceder demasiado. Pensamos erróneamente que perdonar significa regresar a ellos y a su comportamiento. Albergamos esperanzas. Seguimos dándoles oportunidades. *Esta vez será alguien en quien pueda confiar.* No obstante, sus acciones, una y otra vez, nos dicen que no son dignos de confianza. En algún momento, en lugar de escuchar sus promesas vacías, tenemos que escuchar el mensaje que están enviando con sus acciones.

Como mujeres cristianas, creo que sentimos una presión enorme por demostrar que nuestro perdón es genuino al continuar en la relación pase lo que pase. Sin embargo, Dios no recibe honra cuando te tratan de manera deshonrosa y deplorable. Nos han enseñado que nuestro amor debe ser incondicional, pero reconciliarnos con alguien que ha roto nuestra confianza de las maneras más profundas debe ser absolutamente condicional. Deben existir condiciones como que se arrepientan, que reciban la ayuda que necesitan, que sean responsables y demás. Todo esto debe hacerse por el bien de tu seguridad, estabilidad, cordura y dignidad.

Recuerda que a veces la desconfianza es la única respuesta responsable que existe. La desconfianza, en los casos de una pérdida continua de la confianza, no es un signo de debilidad, sino de gran fortaleza.

Recuerda:

- La confianza rota complica cada una de las partes del amor que deberían ser reconfortantes.
- La confianza se construye a través del tiempo y con un comportamiento creíble.
- Es posible que vivieras momentos en los que te hayas hundido, pero ahora es tu momento de levantarte.
- Dios no recibe honra cuando te tratan de manera deshonrosa y deplorable.
- La desconfianza, en los casos de una pérdida continua de la confianza, no es un signo de debilidad, sino de gran fortaleza.

Recibe:

«Todo esto proviene de Dios, quien por medio de Cristo nos reconcilió consigo mismo y nos dio el ministerio de la reconciliación. Esto es, que en Cristo, Dios estaba reconciliando al mundo consigo mismo, no tomándole en cuenta sus pecados y encargándonos a nosotros el mensaje de la reconciliación». (2 Corintios 5:18-19)

«Pero el fruto del Espíritu es amor, gozo, paz, paciencia, benignidad, bondad, fidelidad, mansedumbre, dominio propio; contra tales cosas no hay ley. Pues los que son de Cristo Jesús han crucificado la carne con sus pasiones y deseos. Si vivimos por el Espíritu, andemos también por el Espíritu». (Gálatas 5:22-25, NBLA)

Reflexiona:

○ Teniendo en cuenta lo que la otra persona hizo para romper la confianza contigo, pregúntate si esto es un problema por su falta de:
  » integridad
  » competencia
  » fiabilidad
  » atención y compasión
  » juicio
  » humildad
  » estabilidad
○ ¿Cómo cambiaría tu perspectiva de la vida y las relaciones si aplicaras los pasos de las páginas 68 y 69 cada vez que haya un daño o una ruptura que necesite reparación?

Ora:

Dios:

Ayúdame a ver que no siempre que alguien comete un error hay un abuso de confianza. Dame sabiduría y gracia en esto. Ayúdame también a no pasar por alto las heridas que necesitan ser reparadas. Gracias por recorrer este camino a mi lado y sanar mi corazón de la manera en la que tú lo has hecho. Me reconforta saber que comprendes profundamente el dolor de la traición y la angustia que he experimentado. Dame el valor y la paciencia para ver mis circunstancias tal y como son, así como también lo que necesito para seguir adelante. Consuela mi corazón cuando el camino parezca imposible. Tú eres mi roca firme. En el nombre de Jesús, amén.

Capítulo 5

Y no quería estar sola

•

A medida que los meses se convertían en años después de mi divorcio, la pregunta número uno que me hacían era: «¿Cuándo vas a empezar a salir con alguien?». *Tener una cita.* Me parecía una frase muy incómoda. ¿Salir con alguien? ¿Yo? Soy madre de cinco hijos adultos. Soy abuela. Soy maestra de la Biblia. Estuve casada por casi treinta años. Y de repente ya no lo estaba.

No quería volver a intentarlo.
Y no quería estar sola.
No quería arriesgarme a que me hirieran de nuevo.
Y no quería estar sola.
No quería estar tan estrechamente vinculada a otro hombre
    cuyas decisiones, en las que yo no tengo nada que decir,
    pudieran desencadenar consecuencias devastadoras en la
    vida de mi familia.
Y no quería estar sola.

No quería comprometerme al nivel de confianza requerido para un vínculo romántico.

Y no quería estar sola.

No quería volver a compartir mi armario.

Y no quería estar sola.

En teoría, sabía que no estaba *sola*. Tenía relaciones muy estrechas con mi gente. Gozaba de una tribu sólida y sabía que había personas con las que podía contar. Sin embargo, hubo momentos en los que me sentí tan intensamente sola que era doloroso físicamente.

Me sentía perdida en mi soledad. Me sentía rara, triste, incómoda, y como si no encajara en la vida que habíamos construido antes como pareja.

La *soledad* no solo tiene lugar cuando no hay nadie alrededor. A veces estar *sola* significa cargar con el peso de algo difícil por ti misma. Las personas que te rodean te apoyan. Sin embargo, no pueden entender de verdad la gravedad de lo que se siente ser tú. No pueden entender todo el peso que supone ser madre soltera, asumir todas las facturas y otras responsabilidades que antes se compartían.

Las personas se preocupan de verdad; no obstante, ¿quién quiere oír siempre una respuesta triste cada vez que te preguntan cómo estás? En algún momento, empecé a decir que estaba bien, porque cualquier otra respuesta sonaba como un lamentable disco rayado. Sabía que la gente no sentía lástima por mí, pero hablar constantemente de mis problemas me hacía sentir pequeña, incapaz, y como si la suma total de mi vida fueran las secuelas de este divorcio. Además, algunas de sus sugerencias no eran realistas. Incluso, a veces las ideas de las personas sobre lo que debía hacer parecían carecer de una verdadera comprensión de lo herido que estaba mi corazón. Es difícil reponerse y seguir adelante cuando cada movimiento que haces parece tan arriesgado, como si estuvieras navegando por un país extranjero sin mapa ni guía. Y con el miedo intenso a que los demás te juzguen por no seguir sus consejos.

Es difícil reponerse y

seguir adelante cuando

cada movimiento que

haces parece

tan arriesgado.

En ocasiones resulta más seguro guardarse los pensamientos para una misma. Y cuando no tienes a nadie con quien procesar estas cosas, estar *sola* significa que un montón de pensamientos, preguntas y miedos difíciles permanecen enredados dentro de ti. Si te acuestas con pensamientos confusos, te despertarás con emociones confusas. Y sin alguien que te aporte equilibrio y seguridad, puedes caer rápidamente en una espiral descendente.

Esta soledad no solo afectaba mis pensamientos. También influía en mi seguridad física. Cuando estás sola, no hay nadie que te ayude a decidir si el ruido extraño que has oído en medio de la noche justifica una llamada a la policía. Si te atreves a revisar y ver de qué se trata, lo haces por tu cuenta. Estás temblando, pero la última vez solo fue una rama que golpeaba tu ventana. Lo más probable es que vuelva a ser algo parecido; sin embargo, ¿y si no lo es? La soledad puede dar miedo.

Además, cuando la persona que estaba más cerca de ti de repente ya no lo está, te toma por sorpresa lo mucho que el mundo espera que tengas a alguien con quien contar si te pasa algo. Recuerdo la primera vez que llené unos papeles en los que tenía que indicar mi contacto de emergencia. Se me estrujó el pecho. Se me retorció el estómago. Había perdido a mi contacto de emergencia. Para todos los demás que rellenaban papeles en la consulta del médico aquel día, este no era más que otro formulario molesto pegado a un portapapeles. Para mí, se trataba de otra conmoción. Otra pérdida. Otra oleada de dolor.

Y luego fui a unas vacaciones con un paisaje precioso. Acabé siendo la fotógrafa de todas las parejas que viajaban conmigo. En las pocas fotos que me hicieron a mí sola, parecía como si hubiera olvidado cómo pararme normalmente y no tuviera ni idea de qué hacer con las manos.

También estaba el tema de confirmar la asistencia al recibir invitaciones. ¿Cuál es la opción menos difícil? ¿Debía poner un «más uno», sabiendo perfectamente que las probabilidades de que asistiera sola eran casi del cien por ciento? ¿O me limitaba a decir que iría sola, lo que me parecía una forma intensa de anunciar una vez más que yo era la amiga divorciada? Estaba rodeada de parejas. Y eso me encantaba hasta que comenzó a dolerme. Empecé a sentir que el pequeño rincón del mundo en el que vivía estaba hecho para las parejas: dos personas que van juntas, se sientan juntas, permanecen de pie juntas, viajan juntas, posan juntas, llegan juntas y se van juntas.

«¿Una mesa para dos?», me preguntaban todas las camareras.

«No, solo para mí». Había veces en que estaba bien. Pero en otras ocasiones eso me recordaba una gran pérdida en mi vida. Mi ex ya se había mudado y había otra mujer sentada en el asiento que yo solía ocupar frente a él.

Yo ya no quería estar en ese asiento, pero aun así me resultaba chocante. Otros también lo notaban y me mostraban sentimientos amables que deberían haberme hecho sentir vista, pero que en cambio me hacían sentir extraña.

«Te compadezco».

«Estoy orando por ti a menudo».

«No puedo imaginar por lo que estás atravesando».

Estas frases no tienen nada de malo. Estoy segura de que yo he pronunciado versiones de estas mismas frases bien intencionadas a otras personas. Es solo que tenía la impresión de que, de alguna manera, este divorcio no solo me había hecho sentir intensamente sola, sino que también había disminuido quién yo era y cómo me veía la gente. Y quizá lo más trágico, cómo me veía a mí misma. Quería sacudir la palabra *divorciada* de mi vida. No obstante, ahí estaba cada día.

Así que volvemos a la pregunta más temida de todas: «¿Cuándo vas a empezar a salir con alguien?».

¿La idea de añadir citas románticas a esta mezcla? No, gracias. ¿El riesgo de que me vuelvan a romper el corazón y la confianza? No, gracias. ¿El miedo a añadir más drama y más disfunción y más razones para que la gente sienta lástima por mí? Por supuesto que no.

Mi decisión de no tener citas fue multifacética. Pero si soy realmente sincera, salir con alguien me parecía como invitar a personas a mi vida que podrían llegar a ser muy impredecibles.

Sabía que, si alguien se acercaba lo suficiente como para ser conocido como mi nuevo compañero, no podría controlar la vida tanto como quería. Cuando rompen nuestra confianza, es tentador sustituirla por el control. Si puedo controlarlo, no tengo que lidiar con mis problemas de confianza. Y cuando digo «controlar», quiero decir «hacer todo lo que pueda para mantener las cosas lo más predecibles posible». Si puedo mantener el control de las situaciones, entonces creo equivocadamente que puedo evitar poner en riesgo la confianza.

Entiendo que tal vez el próximo paso que debas dar no sea en el terreno de las citas románticas, pero esto también se manifiesta en otros ámbitos. En el trabajo, no tengo que confiar en que alguien cumplirá con sus obligaciones si superviso de forma minuciosa sus tareas. En las amistades, no tengo que confiar en que no me decepcionarán o en que yo seré una decepción para alguien si evito que nuestras conversaciones sean demasiado profundas y solo me reúno con ellas de vez en cuando. Sea como sea que esto se traduzca en tus miedos en torno a la confianza, quiero validar que cambiar la previsibilidad que queremos por el riesgo de las relaciones sin garantías puede resultar aterrador.

Deseaba tanto lo que me parecía predecible que estaba dispuesta a perderme todo lo que podría ser posible.

Pensaba: *Si no puedo controlar el riesgo, no puedo entablar una relación íntima.* A veces es inteligente no mantener conversaciones profundas cuando se trata de personas que no podemos apartar de nuestras vidas, pero que han demostrado no ser de confianza. No obstante, no es inteligente cuando esto se convierte en nuestra forma de pensar con respecto a todo el mundo. Entonces nos encontramos tratando de controlar la narrativa en todas nuestras relaciones, usando declaraciones como:

«Esta oportunidad suena bien, pero sinceramente no estoy
segura de quererla».
«Parece un gran tipo, pero no estoy segura de que me interese».
«Me gustaría conocer mejor a esa persona, pero ahora mismo
tengo muchas cosas entre manos».
«Sé que se supone que tenemos que hacer este proyecto juntos,
pero me he adelantado y he hecho la mayor parte, ya que
tenía tiempo».

Todas ellas parecen respuestas razonables, ¿pero son realmente
ciertas? A veces actúo como si no quisiera algo o como si prefiriera
hacerlo sola antes que arriesgarme a sufrir más decepciones. Sin
embargo, si lo que expreso externamente no coincide con lo que en
realidad siento en mi interior, es posible que esté intentando controlar la situación y la narrativa que la rodea. O al menos dar la ilusión
de que tengo el control. En un capítulo posterior profundizaremos
acerca de qué hacer cuando la falta de confianza nos hace querer tener
más control. No obstante, por ahora reconozcamos que es muy difícil
confiar en alguien nuevo cuando hacerlo podría someternos a una
situación que no podemos controlar.

Les dije a todos los que me conocían que no volvería a tener
citas. Me parecían un gran salto a lo desconocido que me aterro-
rizaba. Sin embargo, cada vez que decía nunca, algo se estremecía
dentro de mí. Tenía deseos que entraban en conflicto con mi afirmación de «nunca». Mi rechazo me hacía sentir que tenía el control, lo
cual era estupendo... hasta que aparecían esos momentos en los que
anhelaba que alguien volviera a quererme. Incluso había declarado
en un pódcast popular después de haber estado soltera durante casi
dos años: «Nada de citas para mí». De repente, la chica que me entre-
vistaba hizo que el diálogo cambiara de ser yo quien daba consejos
a ser yo quien los recibía. Fue muy cariñosa y me hizo emocionar
al final de la entrevista. Todavía no concebía la posibilidad de salir

con alguien. Sin embargo, hubo algo que esta presentadora dijo que no me dejaría. El consejo que me dio fue el siguiente: «Nunca es demasiado tarde».

De alguna manera, me había hecho a la idea de que el fin de mi matrimonio significaba el fin de sentirme verdaderamente amada. Atesorada. Elegida. Supongo que como maestra de la Biblia debo decir que Dios es quien hace que todo esto sea una realidad para mí. Sí, estoy de acuerdo. Pero mi corazón también anhelaba esto de un hombre.

La frase de mi amiga —«Nunca es demasiado tarde»— se me quedó grabada. Se aferró a mí. A veces, no podía apartarla de mis pensamientos. Nunca. Es. Demasiado. Tarde. ¡Uf!

En el momento en que pude admitir que sí deseaba ser amada por alguien, mis temores en torno a la confianza me hicieron exhalar rápidamente y sacudir la cabeza.

Después de que pasara el tiempo suficiente para que la gente no conectara los puntos, la presentadora del pódcast puso al día a sus oyentes sobre sus esperanzas en cuanto a mí llamándome «Nunca es demasiado tarde». Era raro escuchar su pódcast y saber que se refería a mí en secreto, pero también fue reconfortante que alguien creyera que tenía buenas posibilidades.

Ella no me tuvo lástima. No me presionó. Pero tampoco consintió en que redujera mis posibilidades para el futuro a lo que podía controlar. Se limitó a recordarme que mi vida era mucho más de lo que yo podía ver por mí misma.

Es bueno tener al menos unas pocas amigas que sean lo suficientemente valientes como para hacer grandes oraciones y atreverse a creer grandes cosas para ti. Sin embargo, cuando estás sanando luego de que te hayan roto el corazón y la confianza, es realmente importante que también sean amigas lo suficientemente sabias como para no presionarte de la manera indebida y dejarte atravesar tu proceso. Me sentí bastante segura con mi amiga «Nunca es demasiado tarde» como para permitirle tener sueños para mí que yo no me permitía tener.

Otra de mis amigas, Mel, escribió en su diario lo que claramente sentía que Dios le estaba mostrando sobre mi futuro. Una noche, estábamos jugando a las cartas en mi patio trasero y le dije: «Creo que voy a estar sola el resto de mi vida. No creo que pueda arriesgarme a que me vuelvan a hacer daño». Mel escuchó sin interrumpirme. «Quizá, con el tiempo, me acostumbre a estar soltera. Una cosa genial es que no tendré que compartir mi armario».

Sonreí. Y entonces mi sonrisa empezó a temblar hasta que las lágrimas rodaron por mi rostro. No pude pronunciar más palabras. Es difícil avanzar cuando lo que realmente quiero es algo de mi pasado lejano. Algo que no puedo alcanzar. Que no puedo tocar, pero que sigue muy vivo en mis recuerdos.

En mi caso, no quería recuperar a la persona de mi pasado. Quería recuperar los pensamientos inocentes que una vez tuve sobre mi matrimonio. Quería recuperar la sensación de saber que estaba acompañada. Quería recuperar la sensación de que podía confiar en que alguien quería lo mejor para mí. Quería recuperar la sensación de seguridad de que esa persona había invertido en nuestra vida juntos lo suficiente para proteger nuestra visión, porque la deseaba tanto como yo.

Por supuesto, es probable que mis recuerdos del pasado tuvieran que ver más con cómo yo quería que fueran las cosas que con la forma en que resultaron en realidad. Sin embargo, aun así, las imágenes que tenía en la mente eran de una época en la que me sentía más segura en cuanto a cómo sería mi futuro.

Ahora, era como si estuviera constantemente girando en las esquinas sin tener idea de si me iba a sentir bien con lo que veía o aterrorizada por lo que me esperaba.

Mel me dijo: «Estás en un buen lugar. Has trabajado mucho en tu sanidad interior. Has procesado y orado y pasado tiempo en terapia. Te has tomado tu tiempo. Te conozco lo suficiente como para saber que esta noche triste no es lo que he estado viendo los últimos dos años. Ya no te consume el pasado. Solías hablar de lo que pasó una y otra vez conmigo.

Pero ya no estás ahí. Te veo mirando hacia adelante con alegría, risas y esperanza. Creo que estás lista para tener una cita. Y lo que siento que Dios me mostró fue que eso no tardará mucho más tiempo para ti».

Nada cambió durante otro largo período de tiempo. No ocurrió nada importante que de repente me diera el valor suficiente a fin de abrir más posibilidades para mi futuro. Tampoco pasé por un momento en el que me di cuenta de que el control no es un buen sustituto de la confianza a largo plazo. No me desperté un día con una gran señal de que estaba lista para empezar a salir con alguien.

Mis amigas pensaban que estaba lista. Mi consejero creía que estaba preparada. Sin embargo, yo no me lo creería hasta que diera un paso. Un paso pequeño. Un pequeño paso con la declaración de no permitir que mis miedos me retuvieran, de dejar de dudar de mi propio discernimiento. A veces, cuando obtienes resultados sorprendentemente malos de decisiones pasadas, puedes dudar de tu capacidad para tomar decisiones acertadas en el futuro. Confiar en mí misma para señalar las preocupaciones y no pasarlas por alto, o sentirme presionada a pensar que estoy creando un gran problema de la nada, eran errores que no quería repetir. ¿Podría confiar en mí misma para ver las cosas con más claridad? ¿Para ponerle nombre a lo que viera? ¿Podría decidir no esperar a que una bandera roja se convirtiera en un incendio para considerarla una señal de alarma? No estaba segura. Y nunca lo iba a estar mientras intentara analizar mi estado de preparación. Tenía que intentarlo en el contexto de la vida real con gente de carne y hueso.

Así que el primer paso pequeño que di fue dejar de usar el término «nunca». No era un paso hacia una relación. Tampoco era un paso

> *A veces, cuando obtienes resultados sorprendentemente malos de decisiones pasadas, puedes dudar de tu capacidad para tomar decisiones acertadas en el futuro.*

hacia la declaración de que estaba preparada para confiar en alguien o que estaba dispuesta a tener una cita. Solo era un pequeño paso para abrirme a la posibilidad. Y un pequeño paso para dejar de dudar de mí misma.

Irónicamente, estaba de nuevo con Mel una tarde cualquiera cuando otra amiga me envió un mensaje de texto que decía: «Sin ningún tipo de presión, ¿pero considerarías alguna vez salir con un amigo de mi marido? Es un gran tipo. Ama a Jesús».

Me reí, le leí el mensaje a Mel y de inmediato empecé a escribir una amable respuesta negativa.

Mel me dijo con suavidad y ternura: «Lysa, tal vez este sea un primer paso bueno y seguro. Tal vez sea maravilloso, y sientas la paz de Dios y la sensación de que *sí, este es el primer paso correcto*. O quizás sea horrible, y sabrás que no es lo correcto en este momento. O tal vez sea algo intermedio, de lo que no estarás segura y solo necesitarás tiempo para averiguar si es lo correcto para ti».

Me aferré a la silla. Mel continuó: «No tienes que tomar decisiones importantes sobre la confianza ahora mismo. No tienes que decidir si estás dispuesta a arriesgarte a entregarle tu corazón a alguien y lanzarte a lo más profundo de una relación. Solo da un paso para seguir adelante».

Ese era el giro que necesitaba. No tenía que definir mi futuro para avanzar hacia él. No tenía que decidir si las citas iban a formar parte del plan o no. Sin embargo, tampoco tenía que limitar cómo podría ser el futuro.

Por muy buenas que parezcan mis ilusiones de mantenerme a salvo intentando tener el control, no funcionan. El futuro llegará, lo quiera o no. Y el futuro, al igual que el presente, tendrá muchas cosas que están completamente fuera de mi control.

Es como cuando era pequeña y me dio miedo bajarme de las escaleras mecánicas. Para mis ojos pequeños, los bordes afilados que desaparecían en el lugar donde se suponía que debía bajar parecían los dientes de un monstruo. Así que empecé a subir las escaleras que se desplazaban hacia abajo. No obstante, a medida que subía y la escalera seguía avanzando, no pude seguir el ritmo. Me estaba forzando hacia adelante. Era mucho más arriesgado que la escalera mecánica me obligara a salir por el extremo a que yo simplemente diera un paso. Tenía miedo, pero aun así me bajé. Y no me comieron los dientes del monstruo. No había ningún monstruo. Todo lo que yo tenía que hacer era dar un paso.

Y así lo hice. No todo fue color de rosa y maravilloso. Pero tampoco todo fue horrible y traicionero. Bono: no me asusté ni me desmayé. Simplemente, puse un pie delante del otro. Y el ritmo de avanzar me dio más fuerzas de las que jamás hubiera imaginado.

Algo más que quiero que sepas

¿Puedo confiar en esta persona? es una gran pregunta. Mientras más presionadas nos sintamos para dar una respuesta definitiva, interna o externamente, más arriesgado nos parecerá el resultado. ¿Cómo puedes saber que alguien que ha roto tu confianza está ahora en condiciones de ser responsable con ella? Eso llevará tiempo. Recuerda que mientras mayor sea la traición, más tiempo llevará la reconstrucción.

¿Cómo puedes saber si una persona nueva en tu vida es digna de confianza? Eso también llevará tiempo.

¿Cómo sabes que puedes confiar en ti misma para discernir adecuadamente la confianza si te has equivocado antes o te han hecho sentir loca por hacer preguntas cuando las cosas no tenían sentido? De nuevo, todo esto llevará tiempo.

Sin embargo, el tiempo por sí solo no basta. Solo para reiterarlo, construir o reconstruir la confianza requiere una combinación de tres cosas: tiempo, un comportamiento creíble y un historial de fiabilidad. Dar pasos pequeños permite que estas tres cosas sucedan.

En mi propia vida, sabía que si iba a ser capaz de confiar en ciertas personas que habían roto mi confianza en el pasado, o si iba a considerar confiar en alguien en una relación nueva, tendría que hacerlo lentamente. También sabía que si iba a aprender a confiar en mi propia capacidad para tener un discernimiento sabio y restablecer mi confianza para escuchar al Señor, eso tendría que suceder lentamente.

Isaías 30:19-21 ha sido de gran consuelo mientras doy estos pequeños pasos hacia la confianza:

> Pueblo de Sión, que habitas en Jerusalén, ya no llorarás más. ¡El Dios de piedad se apiadará de ti cuando clames pidiendo ayuda! Tan pronto como te oiga, te responderá. Aunque el Señor te dé pan de adversidad y agua de aflicción, tus maestros no se esconderán más; con tus propios ojos los verás. Ya sea que te desvíes a la derecha o a la izquierda, tus oídos percibirán a tus espaldas una voz que te dirá: «Este es el camino; síguelo».

El principio de estos versículos es que Dios sí nos responde cuando clamamos a él. La mención de «la derecha y la izquierda» significa que siempre y cuando camines dentro de la voluntad y los mandamientos de Dios, vas en su dirección y oirás su voz. Él te va a guiar. En otras palabras, la meta es vivir una vida congruente que se alinee con la Palabra de Dios.

Sin embargo, ¿qué pasa con la lentitud de todo este proceso de confianza? ¿Qué hay de lo doloroso que puede ser esperar para ver si alguien es digno de confianza o no?

El contexto histórico de estos versículos me reconforta ante la aparición de estas preguntas comprensibles. Isaías se dirigía a los israelitas en una época de espera. La realidad es que la espera puede ser solitaria, y a veces podemos sentirnos derrotadas. La espera también puede generarnos una ansiedad increíble cuando hay muchas incógnitas. No obstante, recuerda esto: siempre que estamos esperando *en Dios*, en realidad estamos esperando *con Dios*. El hecho de que el Maestro esté detrás de nosotras nos recuerda la cercanía de Dios. Un erudito del Antiguo Testamento lo expresó de esta manera: «Una palabra detrás de ti transmite tanto la cercanía de Dios como la sensibilidad del alumno».[1]

Cuando le pregunté a mi amigo el Dr. Joel Muddamalle sobre estos versículos, me dijo: «Aquí es importante la naturaleza receptiva del seguidor de Dios que desea ser guiado por él. El Nuevo Testamento desarrolla esto más adelante con el concepto de la vida llena del Espíritu de los creyentes. Somos guiados por el Espíritu no en función de nuestra propia ambición, sino por la visión y la dirección de Dios» (Gálatas 5:16-25 y Juan 16:13).

¿Y si nos equivocamos desviándonos a la izquierda o a la derecha fuera de la voluntad de Dios? Cuando esto ocurra, Dios nos llamará y nos encaminará de nuevo. Una de las cosas que a menudo se nos pasa por alto es el hecho de que Isaías no esperaba la perfección. Él supuso que habría momentos de errores, momentos en los que nos desviaríamos. No obstante, cuando eso ocurra, siempre que nuestros corazones estén dispuestos a recibir la corrección, podemos estar seguras de que Dios nos redirigirá.

Recuerda:

- ◦ Cuando rompen nuestra confianza, es tentador sustituirla por el control.
- ◦ La *soledad* no solo tiene lugar cuando no hay nadie

alrededor. A veces estar *sola* significa cargar con el peso de algo difícil por ti misma.

o Es difícil reponerse y seguir adelante cuando cada movimiento que haces parece tan arriesgado.

o Cambiar la previsibilidad que queremos por el riesgo de las relaciones sin garantías puede resultar aterrador.

o A veces, cuando obtienes resultados sorprendentemente malos de decisiones pasadas, puedes dudar de tu capacidad para tomar decisiones acertadas en el futuro.

Recibe:

«Pueblo de Sión, que habitas en Jerusalén, ya no llorarás más. ¡El Dios de piedad se apiadará de ti cuando clames pidiendo ayuda! Tan pronto como te oiga, te responderá. Aunque el Señor te dé pan de adversidad y agua de aflicción, tus maestros no se esconderán más; con tus propios ojos los verás. Ya sea que te desvíes a la derecha o a la izquierda, tus oídos percibirán a tus espaldas una voz que te dirá: "Este es el camino; síguelo"». (Isaías 30:19-21)

«Pero cuando venga el Espíritu de la verdad, él los guiará a toda la verdad, porque no hablará por su propia cuenta, sino que dirá solo lo que oiga y les anunciará las cosas por venir». (Juan 16:13)

Reflexiona:

o ¿Te parece difícil la lentitud del proceso de confiar en alguien? ¿Por qué crees que es así?

○ «Mientras mayor sea la traición, más tiempo llevará la reconstrucción». ¿Qué opinas sobre esta afirmación? ¿Has comprobado que es cierta en tu vida?

Ora:

Señor:

Tú conoces mi deseo de tener relaciones cercanas fundamentadas en la verdad y la bondad. También ves mi tendencia a tratar de controlar mis circunstancias y a las personas que me rodean cuando las cosas parecen atemorizantes y desconocidas debido a lo que he atravesado. Ayúdame a dar un paso de fe como la versión restaurada que tú ves en mí, como aquella persona en la que tú me estás convirtiendo. Todo esto se siente desordenado e impredecible, pero sé que puedo confiar en ti y en la obra que estás haciendo en mí y para mí.

Te lo ruego en el nombre de Jesús, amén.

Capítulo 6

¿Cómo puedo confiar en Dios cuando no entiendo lo que permite?

·

Hay muchas cosas que no entiendo. No entiendo por qué las relaciones buenas a veces terminan tan mal. No entiendo por qué dos personas pueden ver exactamente la misma situación y tener dos interpretaciones completamente diferentes de lo ocurrido. No entiendo por qué una amiga en la que has confiado durante años de repente desata una tremenda cantidad de dolor y devastación volviéndose contra ti. No entiendo por qué un familiar con el que compartes la mayor parte de tu historia, una conexión que llega hasta la profundidad del ADN, de pronto hace algo tan chocante que ya no puedes confiar en él. No entiendo por qué las personas que parecen tan buenas resultan ser aquellas en las que nunca deberías haber confiado.

Yo no los habría tratado así.

Y ahí está... la afirmación que me hace querer alejarme a medida que se instala la desconfianza.

No habría hecho lo que ellos hicieron.

No habría enviado un correo electrónico tan mordaz.

No habría acusado a mi amiga antes de conocer los hechos.

No habría supuesto que una amiga tenía malas intenciones cuando su historial demuestra que tiene buen corazón.

No habría dejado de acudir cuando sabía que alguien contaba conmigo.

No me habría vuelto contra ellos como ellos se volvieron contra mí.

No habría tomado lo que no era mío.

No los habría engañado, mentido o traicionado.

No habría hablado de ellos con tanta dureza.

O, al menos, estoy bastante segura de que no habría hecho lo que ellos hicieron. Por supuesto, si no fuera por la gracia de Dios, podría hacer muchas cosas que nunca pensé que haría. Sin embargo, los argumentos de «Yo nunca haría eso» no se refieren solo a las acciones de otras personas. Estos pensamientos se trasladan a mis pensamientos sobre Dios.

Yo no habría escrito la historia así. No habría permitido que sucediera. No habría hecho sufrir tanto a mis seres queridos. No habría esperado tanto. No habría permanecido en silencio.

Mi corazón tiende a desconfiar de lo que mi mente no puede entender. Cuando no puedo entender lo que Dios está permitiendo o me siento segura de que él hará algo y no sucede, las dudas pueden convertirse fácilmente en desconfianza.

Me estoy dando cuenta de que le atribuyo gran parte de mi confianza en Dios a mi deseo de que las cosas salgan como creo que tendrían que salir. Quiero que la bondad de Dios lo obligue a arreglar las cosas, cambiar las mentes, evitar el daño, castigar a los que hacen el mal y reivindicar a los que hacen el bien según mi línea de tiempo. Quiero que la bondad de Dios haga que las personas que hacen daño digan que lo sienten y luego actúen mejor, hagan mejor las cosas, sean mejores. Estoy desesperada por ver que él transforme las circunstancias para bien. Haga que las iglesias sean buenas. Intervenga en las relaciones y las haga funcionar. Nos proporcione empleos y finanzas

Mi *corazón* tiende a desconfiar
de lo que mi *mente* no puede
entender.

y otras cosas que nos hagan sentir seguras, en el momento que a mí me parezca oportuno.

Quiero que la bondad de Dios haga que la vida sea buena ahora mismo. Quiero que la bondad de Dios signifique que las cosas salen bien según mi definición de lo que está bien. Quiero que la bondad de Dios funcione como una transacción justa: haz cosas buenas y ocurrirán cosas buenas.

Sé que la bondad de Dios significa que Dios es bueno incluso cuando todo lo demás no lo es. No obstante, me cuesta mucho entenderlo. En especial cuando hay mucho dolor durante la espera de que la bondad de Dios se revele.

Tendré que confiar en Dios con respecto a lo que no puedo ver. Tendré que confiar en Dios con respecto a lo que no sé. Tendré que confiar en Dios con respecto a lo que temo. Tendré que confiar en Dios con respecto a lo que quiero y, más aún, lo que no quiero. Es posible que tenga que soportar lo que no deseo soportar en absoluto. Puede que tenga que afrontar lo que no quiero afrontar. Puede que tenga que atravesar lo que no deseo atravesar.

Dios es bueno. Lo sé. Pero cuando el dolor y el sufrimiento se intensifican, a veces me siento cada vez menos segura de que su bondad me alcanzará. No es divertido confesarlo. Sin embargo, confesarlo es mejor que seguir con lo que he estado haciendo durante mucho tiempo: fingir que esos pensamientos no existen o avergonzarme por pensar esas cosas.

No quiero parecer que soy desagradecida o no estoy lo suficientemente fundamentada en las Escrituras, o decepcionar a los que esperan que sea más madura en mi fe. No se trata de que esté perdiendo la fe en Dios. Es que estoy teniendo que aprender que la fe requiere confianza en él. Tendré que recorrer un camino sin ver adónde irá ni saber cuánto durará. Un camino en el que temo que las dificultades me aplasten.

Mi lucha es la siguiente: ¿Puedo confiar en Dios lo suficiente como para *realmente* empezar a entregarle los resultados... los planes... la forma en que se desarrollará mi vida?

Proverbios 3:5-6 dice: «Confía en el Señor de todo corazón y no te apoyes en tu propia inteligencia. Reconócelo en todos tus caminos y él enderezará tus sendas». Conozco estos versículos. Quiero vivir conforme a ellos. No solo citarlos, sino vivirlos de verdad. Sin embargo, para poder hacerlo, debo reconocer que la versión de Dios de enderezar mi camino probablemente no coincida con lo que yo espero. Él puede tener una definición completamente diferente de lo que es *enderezar*. Otra forma de entender lo que significa *enderezar* es diciendo que Dios es capaz de ver el futuro y darle sentido. Mi entendimiento nunca me lo permitirá. Así que debo entregarle a Dios la forma en que creo que deben ser las cosas. Y luego confiar en él lo suficiente como para seguir su camino.

¿Puedo hacerlo? ¿Puedo hacer las paces con el hecho de que mi definición de un camino recto está limitada por mi pensamiento humano y mis emociones humanas? ¿Puedo encontrar mi seguridad en el poder ilimitado y omnisciente de Dios?

No te pido que confieses nada. Pero comprueba si te identificas con alguno de los siguientes pensamientos acerca de confiar en Dios cuando estás dolida y confundida con respecto a lo que está sucediendo:

- ¿Cómo pudo haber visto Dios a esa persona hacer cosas tan hirientes y no haberla detenido?
- He estado creyendo que Dios sacará algo bueno de todo esto, pero lo bueno nunca parece llegar.
- Cuando suceden cosas buenas, siento que es parte de la redención de Dios. Pero luego, cuando se produce un giro confuso o doloroso de los acontecimientos, me parece cruel que Dios me haya proporcionado el bien suficiente para ilusionarme y que después vea cómo todo vuelve a derrumbarse.
- Declaro con mi boca todas las versiones cristianas de lo bueno que es Dios, pero en el fondo de mi corazón estoy llena de preguntas que no me parece apropiado hacer.

- A veces lo que digo sobre lo mucho que confío en Dios es tan incongruente con el dolor y la decepción que llevo dentro que me hace sentir que no estoy siendo sincera.
- Me siento confundida cuando parece que Dios me está ayudando de verdad, pero no a mi amiga, por la que he rogado en oración. Me hace sentir culpable y como si la estuviera abandonando en el dolor que una vez compartimos juntas.
- Estoy cansada de que las relaciones y las circunstancias sean tan complicadas y desafiantes. La gente sabe que confío en Dios, pero todo esto que continúa ocurriendo hace que seguir a Dios parezca cada vez menos atractivo, y no sé qué decir en respuesta a las dudas de los demás. Eso es especialmente difícil cuando yo también tengo muchas preguntas.

A veces, tengo más fe en que mis miedos se hagan realidad que en que Dios me ayude.

No siempre pienso en estas cosas. Sin embargo, en diferentes momentos de mi viaje, estos pensamientos han calado en las partes más profundas y vulnerables de mí. Y en poco tiempo, he sentido que tenía más fe en que mis miedos se hicieran realidad que en que Dios me ayudara.

Imagino mis entrañas ahuecadas como las de un gran roble desarraigado que vi una vez después de un temporal. Era un árbol majestuoso que parecía increíblemente enraizado y estable. Sin embargo, al acercarme al gigante derribado, vi que las raíces eran tan superficiales que también se levantaban del suelo. Además, mientras una cuadrilla cortaba el árbol para retirarlo, me di cuenta de que estaba hueco por dentro. Así que me acerqué a algunos de los hombres que trabajaban. Tenía que saber: ¿qué había hecho caer a un árbol que parecía inamovible?

Uno de los hombres dijo: «Raíces poco profundas y hormigas».

Incliné la cabeza y por un momento olvidé el hecho de que me ganaba la vida como comunicadora. «¿Eh?», respondí.

Él continuó explicándome que los árboles grandes que crecen en patios con sistemas de rociadores a veces se sacian tan fácilmente con el agua de la superficie que las raíces no necesitan profundizar en el suelo para buscar agua. Los árboles pueden parecer estables y fuertes, pero las raíces poco profundas los hacen menos estables y mucho más vulnerables a las tormentas y los vientos fuertes.

¡Vaya! ¡Podía percibir la lección de vida que estaba recibiendo! Cuando la vida se ve más o menos como yo espero y se siente relativamente bien, tiendo a estar satisfecha con el lugar en el que me encuentro y a no continuar creciendo cada vez más en mi fe. O si solo estoy dejando que otros me rocíen algo de sabiduría bíblica a través de sus sermones y pódcast, pero no estoy escudriñando la Palabra de Dios ni profundizando en su aplicación, entonces mis raíces serán superficiales. Todo eso parece estar bien hasta que llega una tormenta. Y las tormentas siempre llegan.

Sin embargo, las raíces poco profundas no fueron la única razón por la que este árbol se cayó.

Las hormigas también jugaron un papel importante. Ellas suelen elegir un árbol con algún tipo de herida y en el que la humedad que entra ha empezado a debilitar la madera. Las hormigas se aprovechan de la madera más blanda y la desgastan, llegando con el tiempo a dañar incluso la madera sana y haciendo que el árbol se ahueque por dentro aunque parezca sólido por fuera. Mientras más hueco esté el árbol, más pérdida de resistencia estructural sufrirá.

Vaya, otra lección de vida. Cada vez que tengo dudas y temores acerca de la bondad de Dios, necesito llevárselo todo a él. Necesito crear un espacio sagrado con Dios y su Palabra para luchar y clamar y confiarle mis temores. Sin embargo, no siempre lo hago. Si no las atiendo, estas dudas y preguntas comienzan a enmarcar mi manera de ver las cosas. Mientras más insegura estoy acerca de lo que Dios está o no está haciendo en este momento, más me resisto a confiarle mi futuro.

A veces, el dolor de hoy se siente como una declaración de cómo será todo mi futuro. Estos pensamientos no parecen ser la gran cosa por separado, así como nunca mirarías a una hormiga y pensarías que podría derribar un enorme roble. Por favor, escúchame: no está mal tener estos pensamientos, pero es peligroso dejarse consumir por ellos. Dejarnos ahuecar por ellos. Volvernos aún más vulnerables a las tormentas que nos rodean a causa de pensamientos que erosionan nuestra única y verdadera estabilidad.

Cada duda que tengamos nos llevará a acercarnos a Dios o a alejarnos de él.

Nos aferramos a él haciendo lo que ya sabemos que debemos hacer: leer su Palabra, orar, escucharlo, buscar evidencias de su bondad y recordar los momentos en los que nos fue fiel en el pasado. Eso es lo que yo debería hacer. Y a menudo es lo que haré en situaciones que no me costarán mucho. No obstante, cuando se trata de una situación en la que hay mucho miedo y emoción en juego y nada parece estar funcionando, quiero un alivio más inmediato a mi dolor y una evidencia más visible de que todo esto va a obrar a mi favor. No quiero imaginarme un futuro en el que pierda otra relación u otra cosa que me ayudará a sentirme segura.

Y todas las chicas del estudio bíblico que apenas se mantienen enteras bajo el peso de sus corazones rotos, amistades rotas, sueños rotos y confianza rota afirman: «Es cierto. A mí me sucede lo mismo».

Si no siento que Dios me está ayudando hoy, resulta muy difícil confiar en que entregarle mi futuro es algo seguro. Tengo miedo de confiar plenamente en él. Tengo miedo de renunciar a mis esfuerzos para arreglar las cosas y aferrarme a sus promesas. Así que me aferro a mis miedos y dudas, y construyo redes de seguridad en caso de que él no se manifieste.

Para mí, las redes de seguridad se presentan de muchas maneras diferentes. A veces me abstengo de verbalizar lo que realmente quiero para no sentirme tan decepcionada o parecer tonta cuando no sucede. O trato de forzar que las cosas sucedan a mi manera y en mi tiempo, porque estoy muy cansada de esperar en Dios. O hago todo lo que creo que debería hacer para complacer a Dios, esperando que mi bondad lo convenza de que merezco el resultado que realmente quiero. (Aquí pongo mis ojos en blanco). O, como un avestruz con la cabeza metida en la arena, niego lo que realmente siento porque prefiero insensibilizarme o vivir en la negación antes que hacer el duro trabajo de reconocer mis luchas para confiar en Dios. O, por último, culpo a la gente de por qué las cosas no están saliendo como yo creo que deberían, como si las personas que han roto mi confianza tuvieran de alguna manera la capacidad de frustrar los planes de Dios.

No estoy insinuando que haces alguna de estas cosas. Pero si te identificas con alguna de ellas, respira hondo.

Por supuesto, confiar en Dios puede ser una verdadera lucha a veces. Hebreos 11:1 nos enseña: «Ahora bien, la fe es tener confianza en lo que esperamos, es tener certeza de lo que no vemos». Específicamente, este versículo habla de la salvación y la certeza de que Jesús ha resucitado de entre los muertos y regresará por nosotros. Los primeros cristianos estaban desanimados y necesitaban recordar las historias de fe de los que los habían precedido. Y hoy tengo la confianza y la seguridad de que Dios ya me ha ayudado desde una perspectiva eterna a través de Jesús, que es mi Salvador. Sin embargo, me cuesta tener la confianza y la seguridad de que Dios me va a ayudar en este lado de la eternidad. Me encanta cómo el teólogo F. F. Bruce explicó esto: «La vista física produce una convicción o evidencia de las cosas visibles; la fe es el órgano que permite ver el orden invisible».[1]

No siempre quiero dejar lugar para el misterio de Dios. Quiero que la fe funcione con la rapidez de mi vista. Como cuando digo: «Espero que mis llaves estén sobre el mostrador», y todo lo que tengo que hacer es mirar hacia el mostrador para tener la confirmación física de que las llaves están ahí. Estoy deseando tener pruebas visibles para que la fe no me parezca tan arriesgada.

¿Por qué te confieso todo esto? Porque quiero que este sea un lugar seguro para reflexionar. Y me he dado cuenta de que este tipo de lucha no es mala o vergonzosa. En realidad, creo que el primer paso para aprender a rendirnos a la versión de lo bueno de Dios y confiar en él con todo nuestro corazón es reconocer nuestra lucha. Si queremos cambiar nuestra realidad, tenemos que empezar por admitirla. Y creo que estoy lo suficientemente cansada como para querer por fin aprender a vivir la realidad de confiar verdaderamente en Dios.

Piensa en esto por un momento.

¿Y si una gran parte de nuestro agotamiento y ansiedad en torno a las circunstancias difíciles se debe a que estamos constantemente tratando de eliminar la fe de nuestra relación con él? Cuando confiamos en las personas, buscamos pruebas que podamos ver con nuestros ojos físicos de que confiar en ellas es seguro. La fe no funciona así. La fe siempre nos hará sentir ansiosas e inseguras, a menos que confiemos en la bondad de Dios. Si nos mantenemos firmes en su bondad y sabemos que todo lo que él permite fluye de alguna manera de esa bondad, entonces tendremos mucho menos miedo de confiar en él. La fe en Dios implica estar seguras de su bondad, incluso cuando lo que él permite no se siente bien, no parece bueno, o no se ve bien en este momento. La fe es nuestra confianza en lo que esperamos, es nuestra certeza de lo que no vemos.

Siempre habrá una brecha entre lo que vemos y la historia completa que Dios conoce. De esa brecha es de donde provienen muchas de mis preguntas temerosas del tipo «¿Y si...?» cuando miro hacia el futuro y me planteo los peores escenarios.

Sin embargo, démosle la vuelta. Pensemos en algunas preguntas hipotéticas que nos orienten hacia la bondad de Dios en lugar de en todas las dudas que nos llevan a desconfiar. Es posible que te resulte útil llevar un diario mientras completas estos espacios en blanco y escribir en él cualquier otra idea que tengas. Empezaremos admitiendo con sinceridad por qué a veces nos cuesta confiar en Dios. Pero no te detengas allí. Todo el ejercicio de esta sección te llevará a un buen lugar.

Para nuestra primera pregunta del tipo «¿Y si...?», abordemos los miedos que se entremezclan con nuestra fe.

¿Y si escribiera cada pensamiento de desconfianza, de modo que no se queden revueltos dentro de mí como un gran sentimiento de miedo y ansiedad?

* Temo confiar en Dios con respecto a _____, porque él permitió que _____ sucediera en mi pasado.
* Temo confiar en Dios con respecto a _____, porque si él no me ayuda de la manera que yo quiero, sufriré_____.
* Temo confiar en Dios con respecto a _____, porque no creo que él realmente _____.
* Temo confiar en Dios con respecto al sufrimiento y la angustia que experimentaré si _____ sucede, y temo que nunca _____.

¿Y si expresarle mis verdaderos sentimientos a Dios es un hermoso acto de confianza en él?

Hace poco recibí un correo electrónico de una amiga que me estaba ayudando a expresarle a Dios lo que realmente siento. Me dijo: «Recuerdo una frase que a veces se le atribuye a Sigmund Freud: "Las emociones reprimidas nunca mueren. Están enterradas vivas y saldrán a la luz de la peor manera". Mientras más intentaba enterrar mis dudas, peores se volvían. Reconocerlas, en lugar de ocultarlas, me permitió sanar y crecer». ¿Cómo se relaciona esto con la confianza? Bueno, verbalizarle mis dudas a Dios es una expresión de confianza en él. Si puedo confiar en Dios con mis dudas sobre él, entonces puedo confiarle cualquier cosa.

Intenta escribir un poco más. Rellena estos espacios en blanco:

* A veces dudo de que Dios _____, porque _____.
* Me siento _____ en este momento, porque Dios está (o no está) haciendo _____.

107

- Lo que realmente quiero que ocurra es _____. Y si esto no sucede, me hará sentir _____.
- No quiero sentir _____, porque creo que no podría soportar _____.

¿Y si mirara las Escrituras con una perspectiva nueva?

Muy a menudo leo la Palabra de Dios para tratar de encontrarle sentido a lo que estoy enfrentando. No obstante, ¿qué tal si las Escrituras nos invitaran a ver en parte cómo Dios ve las cosas?

Lee los siguientes versículos y escribe en tu diario aquello que te ayuda a ver un poco más de lo que Dios ve. ¿De qué manera te reconforta? ¿Y qué aspectos te siguen preocupando?

- «Yo te instruiré, yo te mostraré el camino que debes seguir; yo te daré consejos y velaré por ti». (Salmos 32:8)
- «No te dejes impresionar por su apariencia ni por su estatura, pues yo lo he rechazado. La gente se fija en las apariencias, pero yo me fijo en el corazón». (1 Samuel 16:7)
- «Su Padre sabe lo que ustedes necesitan antes de que se lo pidan». (Mateo 6:8)
- «Que el Dios de la esperanza los llene de toda alegría y paz a ustedes que creen en él, para que rebosen de esperanza por el poder del Espíritu Santo». (Romanos 15:13)
- «"Porque Mis pensamientos no son los pensamientos de ustedes, ni sus caminos son Mis caminos", declara el Señor. "Porque *como* los cielos son más altos que la tierra, así Mis caminos son más altos que sus caminos, y Mis pensamientos más que sus pensamientos"». (Isaías 55:8-9, NBLA)
- «Y no se adapten a este mundo, sino transfórmense mediante la renovación de su mente, para que verifiquen cuál es la voluntad de Dios: lo que es bueno y aceptable y perfecto». (Romanos 12:2, NBLA)

- «Aunque nuestro corazón nos condene, Dios es más grande que nuestro corazón y lo sabe todo». (1 Juan 3:20)

¿Y si en lugar de sentirme tan frustrada por lo que no veo permito que la Palabra de Dios sea la lente a través de la cual recibo destellos de su bondad que solo aquellos que sufrimos llegamos a ver? El sufrimiento puede limitar nuestra perspectiva. Cuando sentimos dolor, podemos llegar a estar muy concentrados en reparar la fuente de ese dolor. Pensamos que lo único bueno que Dios podría hacer es quitárnoslo. Y si eso es todo lo que buscamos, entonces nos sentiremos más frustradas y desconfiaremos más de Dios. (Puedes ver más sobre esto en la sección «Algo más que quiero que sepas» de este capítulo). Sin embargo, ¿y si la Palabra de Dios puede ayudarnos a ver cómo sufrir y aun así estar seguras de su bondad?

Lee los versículos a continuación y utiliza esta frase de ayuda para escribir en tu diario después de cada uno:

Cuando leo este versículo, veo que el sufrimiento no es solo este dolor terrible, sino también es una manera de _____

_____.

- «Y no solo en esto, sino también en nuestros sufrimientos, porque sabemos que el sufrimiento produce perseverancia». (Romanos 5:3)
- «Cuando cruces las aguas, yo estaré contigo; cuando cruces los ríos, no te cubrirán sus aguas; cuando camines por el fuego, no te quemarás ni te abrasarán las llamas». (Isaías 43:2)
- «Pero de una cosa estoy seguro: he de ver la bondad del SEÑOR en esta tierra de los vivientes. Pon tu esperanza en el SEÑOR; cobra ánimo y ármate de valor, ¡pon tu esperanza en el SEÑOR!». (Salmos 27:13-14)
- «Él enaltece a los humildes y da seguridad a los enlutados». (Job 5:11)

- «Les aseguro que ustedes llorarán de dolor, mientras que el mundo se alegrará. Se pondrán tristes, pero su tristeza se convertirá en alegría». (Juan 16:20)

¿Y si en lugar de dudar de la bondad de Dios empezara a cooperar con ella?

¿Qué significa cooperar con la bondad de Dios? Significa darnos cuenta de su bondad, proclamarla y deleitarnos en esas pequeñas evidencias. Quizá hoy no veamos el gran milagro que tanto buscamos. No obstante, podemos ver su bondad de otras maneras, ahora mismo, hoy.

Esto se ha convertido en un aspecto crucial de mi vida. Cuando no veo nada bueno en una situación difícil por la que estoy atravesando, pienso que su bondad solo puede manifestarse cuando él hace algo para cambiar esa situación, o al menos algo que me asegure que está trabajando en ello. Sin embargo, estoy aprendiendo a expandir mi visión y reconocer su bondad en otros aspectos de mi vida. Muchas veces olvido que las pequeñas cosas provienen directamente de nuestro Dios Creador bondadoso. Ellas son las que me ayudan a experimentar su bondad de maneras muy tangibles. He aquí algunos ejemplos de cosas pequeñas que me ayudan a recordar la gran realidad de la bondad de Dios:

- La dulzura de un melocotón perfectamente maduro.
- La música que calma mi mente y me hace exhalar.
- El sol que sale detrás de una nube y me calienta en un día frío.
- Las luces que se extienden entre los árboles del patio trasero y cuelgan por encima de un círculo de amigos alrededor de una fogata.
- Una carcajada inesperada pero realmente satisfactoria.
- El aroma del café en la mañana, de mi flor favorita, de mi postre preferido cociéndose en el horno.
- Ver las olas del mar en un hermoso día llegar hasta su punto máximo y luego retirarse sobre sí mismas.

Escribe algunas de las pruebas de la bondad de Dios que experimentas en las pequeñas cosas cotidianas. Luego, escribe con quién podrías compartirlas o a quién podrías regalárselas. Cuando difundimos su bondad a otras personas, estamos cooperando con su bondad hacia nosotras.

¿Y si nuestro sufrimiento es lo que revela la bondad de Dios de la forma más íntima y personal?

Escribe algunas formas en las que hayas experimentado personalmente la bondad de Dios en el pasado.

- Sentí la bondad de Dios cuando Él _____.
- El solo hecho de que ahora estoy _____ es evidencia de su bondad cuando pasé por _____.
- A veces olvido que _____ nunca hubiera tenido lugar en mi vida de no ser por la bondad de Dios.

¿Y si no confío en Dios? ¿Y si lo hago?

¿Puedo lograr un buen resultado por mí misma? ¿Ese resultado podría alcanzarse sin desafíos? ¿Requeriría que yo participara en el ejercicio inútil de tratar de cambiar a otra persona? ¿Tendría que arreglar lo que ya sé que no puedo arreglar y controlar lo que ya sé que no puedo controlar para llegar a ese final?

¿Tengo realmente la capacidad de encontrar estabilidad, seguridad, paz y alegría siguiendo mi propio camino? ¿Sucumbir a las dudas y negarme a echar raíces más profundas realmente va a ayudarme a sobrellevar mejor las tormentas a las que me enfrento?

Es hora de volver a respirar hondo. Hay mucho en lo que pensar.

Voy a terminar con esas últimas preguntas para reflexionar. Normalmente, me gusta que mis capítulos concluyan con un gran cambio de perspectiva o con soluciones a nuestros problemas y respuestas a nuestras preguntas. Sin embargo, este no es el capítulo para eso.

Se trata de un tema profundo. A fin de cuentas, confiar en Dios implica no aferrarme a las partes de mi vida que quiero sujetar con más fuerza. Quiero confiar en él, hasta que no lo hago. Y esa tensión no es para que la resuelvas, sino para que luches con ella en este lugar temporal llamado el «ahora».

Algo más que quiero que sepas

He estado reflexionando sobre esta frase que escribí: «Confiar en Dios implica no aferrarme a las partes de mi vida que quiero sujetar con más fuerza». Es verdad. Y se puede confiar en Dios. Él a veces permite que sucedan cosas que provocan un dolor profundo. ¿Puedo confiar en Dios realmente y al mismo tiempo empapar mi almohada con lágrimas de dolor?

Aunque ciertamente he sido herida a lo largo de muchas devastaciones, no he experimentado todas las penas profundas que pueden suceder en la vida. Así que, si leer esta sección es demasiado difícil para ti en tu situación actual, te doy todo el permiso para saltarte una o dos páginas. Tal vez vuelvas a ellas algún día, o tal vez no... y eso está bien. Tu viaje con Dios y el dolor tiene que ser tuyo. No obstante, estas son mis conclusiones.

El dolor nos hace sufrir. El dolor nos hace llorar. El dolor nos hace sentir que no tenemos el control. El dolor nos hace sentir ansiosas. El dolor a veces nos hace sentir como si le echáramos gasolina a nuestras dudas. He aquí algo en lo que he estado pensando últimamente: debemos depositar toda nuestra ansiedad en Dios, porque él cuida de nosotras (1 Pedro 5:7). La mayoría de nosotras hemos oído este versículo, pero nos cuesta ponerlo en práctica cuando se nos acelera el pulso, se nos encoge el corazón y se nos moja el rostro de lágrimas.

Si sigues leyendo 1 Pedro 5, verás que el versículo 7 se refiere al tipo de ansiedad asociada al sufrimiento. Y la única instrucción que se nos da antes de la orden de depositar nuestra ansiedad en él es que nos humillemos:

> Humíllense, pues, bajo la poderosa mano de Dios para que él los exalte a su debido tiempo. Depositen en él toda ansiedad, porque él cuida de ustedes.
> Practiquen el dominio propio y manténganse alerta. Su enemigo el diablo ronda como león rugiente, buscando a quién devorar. Resístanlo, manteniéndose firmes en la fe, sabiendo que los creyentes en todo el mundo soportan la misma clase de sufrimientos.
> Luego de que ustedes hayan sufrido un poco de tiempo, Dios mismo, el Dios de toda gracia que los llamó a su gloria eterna en Cristo, los restaurará y los hará fuertes, firmes y estables. (1 Pedro 5:6-10)

Mi amiga Meredith me suele recordar un mensaje que recibió del Señor: él no puede levantar una cabeza que no está inclinada. ¡Qué imagen tan poderosa! Cuando seguimos buscando los resultados que consideramos mejores y nos obsesionamos con la idea de que nuestra visión para nuestro futuro es la única buena, nuestros cuellos se volverán rígidos de tanto esfuerzo. No obstante, si inclinamos la cabeza con humildad, estaremos en la posición adecuada para que Dios nos levante y nos guíe en la dirección que él sabe que es la mejor.

Creo que esto es parte de lo que he estado omitiendo.

Humillarse en lugar de huir.
Humillarse en lugar de solucionar.
Humillarse en lugar de intentar darle sentido a cosas que

quizá nunca lo tengan en nuestras limitadas mentes humanas.

Humillarse en lugar de resistirme a él.

Humillarse en lugar de desconfiar de él.

Humillarse cuando las cosas parecen cambiar.

Humillarse cuando las cosas vuelven a derrumbarse.

Y humillarse cuando el sufrimiento me hace dudar de la bondad de Dios.

He leído estos versículos de 1 Pedro muchas veces, pero nunca los relacioné con mi sufrimiento. Nunca me había dado cuenta de que el sufrimiento es en realidad una señal de que Dios nos está guiando exactamente en la dirección correcta hacia la redención. El sufrimiento no es un escollo que impide nuestra redención. No es una prueba de que debamos dudar de la bondad de Dios. Tampoco significa que confiar en Dios sea demasiado arriesgado.

El sufrimiento nos recuerda que debemos permanecer más cerca de Dios que nunca y no resistirnos a su guía. El camino de Dios es el correcto, por muy confuso que sea. Y el tiempo de Dios es el tiempo correcto, por muy inoportuno que nos parezca.

Recuerda:

- Mi corazón tiende a desconfiar de lo que mi mente no puede entender.
- A veces, tengo más fe en que mis miedos se hagan realidad que en que Dios me ayude.
- Siempre habrá una brecha entre lo que vemos y la historia completa que Dios conoce.
- Si no siento que Dios me está ayudando hoy, resulta muy difícil confiar en que entregarle mi futuro a él es algo seguro.

o El sufrimiento no significa que confiar en Dios sea demasiado arriesgado.

Recibe:

«Ahora bien, la fe es tener confianza en lo que esperamos, es tener certeza de lo que no vemos». (Hebreos 11:1)

«Yo te instruiré,
    yo te mostraré el camino que debes seguir;
    yo te daré consejos y velaré por ti».
(Salmos 32:8)

«Su Padre sabe lo que ustedes necesitan antes de que se lo pidan». (Mateo 6:8)

«Cuando cruces las aguas,
    yo estaré contigo;
cuando cruces los ríos,
    no te cubrirán sus aguas;
cuando camines por el fuego,
    no te quemarás
    ni te abrasarán las llamas». (Isaías 43:2)

«Pero de una cosa estoy seguro:
    he de ver la bondad del Señor
    en esta tierra de los vivientes.
Pon tu esperanza en el Señor;
    cobra ánimo y ármate de valor,
    ¡pon tu esperanza en el Señor!».
(Salmos 27:13-14)

Reflexiona:

○ Identifica algunas de las razones por las que podrías resistirte a confiar en Dios lo suficiente como para renunciar al resultado y a tus planes sobre el rumbo que tomará tu vida.

○ Sé sincera contigo misma: ¿Ves a Dios como digno de confianza? ¿Cómo te ha ayudado este capítulo a procesar mejor este tema?

○ ¿Qué te ha revelado la historia de las hormigas y el árbol sobre las «hormigas» de tu propia vida?

○ Enumera algunos de los placeres sencillos que son una prueba de la bondad de Dios hacia ti. ¿Cuáles son tus favoritos?

Ora:

Padre Dios:

Confieso que dejo que mi disposición a confiar en ti dependa de cómo me va en la vida en ese momento. Cuando las cosas marchan bien, me resulta fácil creer que tú eres digno de confianza. Pero cuando las cosas se desmoronan, mi confianza en ti vacila y me cuesta entender lo que estás haciendo. En medio de la verdad de mis momentos de quietud y tiempo en tu Palabra, sé que eres bueno, incluso cuando mi vida no lo es. Hoy elijo confiar en ti con respecto a lo que no puedo ver, lo que no sé, lo que no quiero y aquello a lo que le tengo miedo. Te entrego los resultados y los planes que tengo para mi vida.

En el nombre de Jesús, amén.

¿Cómo puedo confiar en Dios cuando la persona que me hizo daño se salió con la suya?

•

Resulta muy confuso entender cuando algunas de las personas que hacen cosas realmente malas parecen salirse con la suya. Es especialmente doloroso cuando afirman que Dios está con ellas y cantan las mismas alabanzas que yo. Sostienen que Dios es su Padre bueno y le piden ayuda. Sin embargo, sus acciones aparentemente fieles a la vista de los demás no concuerdan con la forma en que me trataron a mí o a alguien a quien quiero.

Y eso puede llevarme a que me pregunte: *¿En qué equipo está Dios?* Y entonces me siento mal incluso al plantearme esa pregunta, porque yo tampoco soy perfecta. Hago cosas que no debería. También decepciono a la gente.

Sin embargo, siempre parece haber consecuencias inmediatas de mis elecciones. ¿Por qué da la impresión entonces de que estas personas no se enfrentan a eso? ¿Por qué me parece que su vida va viento en popa y con bendiciones, aunque yo sé que no están honrando a Dios? Es este tipo de injusticia percibida la que me hace sentir que estoy perdiendo la confianza en Dios. No estoy perdiendo la fe en él. No estoy cuestionando sus verdades inmutables. No tengo un plan de vida alternativo en el que me alejo de él. Nada de eso. Es solo que quiero que todo el caos se detenga. Y quiero saber que habrá consecuencias justas por el pecado cometido para que la persona que causa daño no siga provocando dolor. Y sé que la única manera real de que esto suceda es que Dios intervenga. ¿Pero lo hará?

En medio de las heridas, el dolor y la conmoción de la confianza rota, la falta de pruebas tangibles de que las cosas acabarán por arreglarse me lleva a plantearme grandes preguntas. ¿Acaso este mundo está concebido para que la gente se sienta motivada a ser digna de confianza? ¿O solo está diseñado para que las personas consigan lo que quieren, sin importar el daño que les causan a los demás? ¿Me estoy exponiendo a más dolor cuando confío en la gente? Si parece que algunas personas se salen con la suya, ¿acabará todo el mundo siendo tan egoísta e interesado que solo los tontos se atreverán a confiar?

Parecería que si soy una persona confiable, generosa y honesta, me van a lastimar. No obstante, si sucumbo a cuidarme sola y no confiar en nadie, viviré una existencia muy solitaria.

Genial. Esto parece uno de esos acertijos que no puedo resolver. Quizás yo sea una mujer ingenua que va por la vida como si fuera un campo de margaritas cuando en realidad es un campo de minas.

Y es entonces cuando saco mi diario y escribo: «¿Dónde estás, Dios? ¿Dónde está la parte de mi historia en la que tú arreglas las cosas, corriges los errores y sacas algo bueno de todo esto? ¿Dónde está la recompensa por hacer lo correcto? ¿Dónde están las consecuencias para los que hacen lo malo? Vamos, Dios. ¿Qué estás haciendo?».

Y, como un modo de protegerme a mí misma, me vuelvo muy autosuficiente. Imagino situaciones en las que mi confianza en Dios crece debido a que las cosas finalmente salen bien. Existen circunstancias difíciles en curso sobre las cuales desearía poder escribir en mi diario: «Mira cómo me defendió Dios. Su justicia al fin se hizo realidad. Mira cómo lo ha arreglado todo mejor que nunca. Todo esto tiene sentido ahora. Por fin puedo exhalar».

No tengo esa página en mi diario.

En muchas situaciones, no he visto la justicia de Dios. Todavía no. Y tal vez no la vea en este lado de la eternidad. Ahora mi vida tiene partes muy buenas. Soy feliz. Pero todavía tengo que luchar mucho para no dejarme llevar por la amargura que me invita a levantar una tienda en medio de la injusticia y a acampar en ella. De lo contrario, pensar constantemente en lo que Dios no parece estar haciendo, y en mi deseo de que se haga realidad mi versión de la justicia, puede convertirse en un enfoque insano. Este enfoque, con el tiempo, podría llegar a ser una obsesión, la cual si no se atiende podría convertirse en una fortaleza para el enemigo de mi alma.

Creo que las personas asumen que todo está bien y mis luchas han desaparecido porque después de muchos años de desengaño tengo a un nuevo hombre en mi vida que me ama y ama a Jesús. Sin embargo, todavía sigo luchando contra el dolor profundo que siento en mi interior, el que anhela que se haga justicia, no solo por lo que ocurrió cuando mi matrimonio se terminó, sino por lo que sigue sucediendo.

Hace apenas unos meses, de la nada, un ayudante del *sheriff* se presentó en mi casa para entregarme unos papeles que me informaban que tenía que presentarme en el juzgado y enfrentar a mi ex en otra batalla. Justo cuando pensé que podría seguir adelante, el dolor del pasado volvió a ser el dolor del presente.

No te cuento esto para apelar a tu compasión. Solo quiero que veas que, a pesar de lo injusto de tu situación, no estás sola. Es difícil entrar de lleno en el futuro cuando el pasado no se queda atrás. Y es doblemente difícil cuando mi deseo de que las cosas sean justas hace que la lucha contra la amargura y el resentimiento sea agotadora para el alma. Y se vuelve triplemente difícil cuando no tiene sentido por qué Dios no dice «Ya basta» y pone fin a todo esto.

Me imagino que si tu confianza y tu corazón han sido rotos por un amigo, cónyuge, hermano, padre, líder u otra relación significativa, entiendes la lucha de la que estoy hablando. Si sus acciones hirientes son continuas, apuesto a que tú también te sientes agotada y frustrada. Tal vez, al igual que yo, partes de tu historia han dado un giro, pero todavía alguien te está causando dolor.

Hace poco, una dulce muchacha que ha vivido una experiencia muy parecida a la mía me envió un mensaje. Quería que yo conociera más acerca de su historia y de cómo ella pensaba que había sido obediente a Dios durante la última década después de su divorcio, pero ahora se lo estaba cuestionando debido a que todavía estaba sola y su vida seguía siendo muy difícil. Ella quería saber si yo tendría tanto optimismo y confianza en el Señor si no estuviera entablando una nueva relación.

Era una pregunta justa y comprensible. Confiar en Dios sin ver la redención que esperábamos haber alcanzado a estas alturas puede sentirse como la traición más profunda de todas. También es lo que construye nuestra fe. Sin embargo, a veces preferimos tener un alivio antes que otra oportunidad de aprendizaje.

Me quedé pensando en su pregunta durante un buen rato. No suelo entrar en mis mensajes privados, y rara vez puedo responder tantos como me gustaría. No obstante, desde que leí este mensaje sabía que tenía que responder. Y no quería que mi respuesta se limitara a pasar por alto su profundo dolor con unas cuantas frases trilladas y un versículo bíblico. Ella se merecía más que eso.

Y tú también.

Esto es lo que le respondí:

He pasado muchas noches mirando al cielo, desconcertada al sentir cómo mi decepción se convertía en dolor, luego en entumecimiento, y por último en un distanciamiento de Dios. Hubo muchas ocasiones en las que pensé que Dios estaba a punto de revertir la situación, pero luego las cosas empeoraron en lugar de mejorar. Algunos de mis días más oscuros tuvieron lugar cuando no podía entender lo que Dios estaba permitiendo. Y mi temor era que si Dios permitía todo esto, ¿qué más podría permitir?

Con el tiempo, me he dado cuenta de que no puedo aferrar mi esperanza a mi percepción de la justicia de Dios. Y desde luego, no puedo basar mi esperanza en los resultados que deseo desesperadamente. Tengo que poner mi esperanza en quién es Dios. Él es bueno. Es fiel. Es mi Padre que me ama.

El carácter de Dios, que nunca cambia, es su promesa personal para mí. Y para ti. Podemos estar seguras de quién es él incluso cuando no entendemos lo que hace o deja de hacer. Todavía hay cosas hirientes que suceden alrededor de mi divorcio. Desearía que este no fuera el caso para ninguna de las dos.

Estoy agradecida de que Dios haya traído a mi vida a un hombre que ama a Jesús y toda la alegría que conlleva estar en una relación sana. No obstante, incluso este regalo viene con sus propios miedos e incertidumbres. Así que mi reto ahora es no atar mi esperanza de un futuro mejor a este nuevo hombre. Esa es la misma lección que aprendí durante los muchos años en los que me sentí tan sola. Es la misma lección una vez más, solo que con retos diferentes.

Me he hecho la misma pregunta cuando mis amigos encontraron un nuevo amor mientras yo seguía en medio de una soledad intensa. Es muy duro. Lo entiendo y desearía poder vislumbrar tu futuro y susurrarte todas las cosas maravillosas que te esperan. Y aunque no puedo hacerlo, puedo prometerte que Dios está obrando. Resiste, hermosa amiga.

Quería hacerle promesas más concretas a mi amiga sobre lo que Dios estaba haciendo. Me hubiera encantado darle un marco temporal que la ayudara a aliviar su angustia. Me hubiera encantado que hubiera una manera de hacer esto posible para todas nosotras. Sin embargo, si fuera bueno tener esta información, Dios seguramente nos la daría. Por lo tanto, el hecho de que él no nos permita acceder a estos detalles específicos me permite saber que tener esos detalles no es lo mejor.

Charles Spurgeon predicó un sermón que se aplica a esta misma lucha. Es un poco complejo, pero vale la pena pensar en la sabiduría contenida en sus palabras.

> Cada aflicción tiene su tiempo y su medida, y todo consuelo es enviado con una consideración amorosa que lo hace precioso en un séptuple grado. Oh, creyente, la gran consideración de la mente divina se extiende hacia ti, el elegido del Señor. Nunca te ha sucedido nada como resultado de un destino implacable, sino que todas tus circunstancias han sido ordenadas con sabiduría por un Señor vivo, considerado y amoroso [...]
>
> Nuestro Padre celestial sabe lo que hace; cuando sus caminos para nosotros parecen enrevesados y complicados, y no podemos desenredar los hilos de la madeja, aun así el Señor ve todas las cosas con claridad, y conoce los pensamientos que tiene sobre nosotros. Él nunca se equivoca de camino ni se avergüenza. No nos atrevamos a profesar que comprendemos los caminos de Dios para el hombre: son imposibles de descubrir. La Providencia es un gran abismo. Su amplitud excede el alcance de nuestra visión y su profundidad desconcierta nuestro pensamiento más profundo.[1]

Mis líneas favoritas son: «Nuestro Padre celestial sabe lo que hace; cuando sus caminos para nosotros parecen enrevesados y complicados, y no podemos desenredar los hilos de la madeja, aun así el Señor ve todas las cosas con claridad». Sí, él las ve. Y yo no puedo verlas claramente.

No lo he entendido todo, pero tengo algo de sabiduría duramente adquirida que nos vendrá bien para reflexionar juntas. Trabajar sobre lo que no entendemos (especialmente cuando nos preguntamos: *¿Cómo puedo confiar en Dios cuando la persona que me hizo daño se salió con la suya?*) no supondrá una respuesta ordenada a todas nuestras preguntas. Sin embargo, podemos manejar mejor la tensión si estamos equipadas con la verdad.

Debemos seguir luchando para asegurarnos de que nuestras primeras palabras llenas de angustia no se conviertan en nuestras últimas palabras llenas de amargura.

El hecho de que nuestras dudas estén en nuestros pensamientos hoy no significa que deban quedarse ahí. Debemos seguir luchando para asegurarnos de que nuestras primeras palabras llenas de angustia no se conviertan en nuestras últimas palabras llenas de amargura. Y la mejor manera de luchar contra nuestras preguntas más difíciles sobre la justicia de Dios es creando espacio en nuestros pensamientos para recibir más de la perspectiva de Dios.

Incluso si no te llevas nada más de este capítulo, quiero que te quedes con esto: es posible que nunca veamos la justicia que anhelamos en este lado de la eternidad. Algunos la verán. Pero muchos otros no. No puedo explicarlo, pero me esfuerzo mucho por aceptarlo.

Algunos días siento que puedo hacer las paces con esa realidad. Otros días lo intento, pero es muy difícil. Realmente muy difícil.

No obstante, estoy aprendiendo que es necesario hacer algo más aparte de obsesionarme con mis dudas y preguntas. Y con «hacer algo más» no me refiero a escapar. En ocasiones tengo un ligero deseo de simplemente huir de mi vida. Muchas veces he dicho: «Creo que me iré a Montana y trabajaré de camarera. O de investigadora privada. O de escritora de poesía usando un seudónimo. Viviré en una cabaña remota con ardillas y mapaches como mis únicos compañeros».

La ausencia de *justicia* no es una señal de la ausencia de Dios.

Hola, Lysa. La realidad te llama... por favor, contesta. Está bien, ninguna de esas son soluciones realistas para hoy. Así que dejo de buscar cabañas para alquilar y en su lugar llamo a alguien sabio que pueda traerme de vuelta a la realidad. Cuando mi mente está atascada en un círculo de preguntas para las que ya sé que no hay respuestas en este momento, me ayuda acudir a una amiga que sepa cómo procesar las luchas teniendo en cuenta la sabiduría bíblica. No necesito que una amiga me diga que lo que he vivido justifica las represalias. Necesito una amiga que diga que esto es muy duro y reconozca la magnitud de la injusticia que parece estar en juego. No obstante, también necesito que ella me recuerde que la ausencia de justicia no es una señal de la ausencia de Dios. Quiero que reconozca mi lucha, pero que no se sumerja conmigo en mi espiral de pensamientos. Ah, y si ella está allí en persona y me trae un trozo de pastel de chocolate, también está bien. Su presencia me ayuda a sentir la presencia de Dios.

Sin embargo, hay otras veces en las que simplemente no puedo hablar de mis luchas. Es como si estuviera tan inmersa en el dolor que no me salen las palabras. Y estoy demasiado agotada para procesarlo con una amiga. En esos días, sé que quitarme los zapatos y salir al exterior es crucial. Mi consejero me lo sugirió una vez y, por mucho que dudara de él, pisar tierra firme y ver que el cielo no se está cayendo realmente me ayuda.

Cuando me pregunto dónde está Dios, su creación siempre me habla de él si le presto la atención suficiente. Un versículo que me encanta citar es Salmos 19:1: «Los cielos cuentan la gloria de Dios; la expansión proclama la obra de sus manos». Si no puedo ver la obra de sus manos de la forma en que pensé que lo haría en mis circunstancias, quiero ver su obra en alguna otra parte.

Una tarde estaba sentada en la playa intentando frenar mis ganas de reservar, esta vez de verdad, un pasaje a Montana. Esa misma mañana había recibido un correo electrónico informándome que acababa de publicarse un artículo muy duro en el cual se detallaba por qué se me llevaba a juicio. La demanda ya me había causado mucha ansiedad y dolor. Las acusaciones eran preocupantes, y tenía muchas pruebas para refutarlas.

La persona que escribió el artículo sobre mí nunca se puso en contacto conmigo para verificar los hechos. Así que tomaron las acusaciones de la demanda y las publicaron para que todo el mundo las leyera. Otros medios de comunicación siguieron el ejemplo. Y no pude hacer nada al respecto. ¿Pero sabes lo que más me dolió? Que todos eran medios de comunicación cristianos. Y la persona que me demandó afirmó que tenía un equipo orando por ella. Si esto era cierto, no lo sé. No obstante, la idea de que personas que conocían la historia de desengaño y decepción ahora oraran contra mí y mis hijos... no solo era confusa, sino enloquecedora.

Si no puedes contar con que los cristianos estén del lado de la verdad, ¿en quién puedes confiar?

No conseguía que mi pulso se desacelerara ni que mis manos dejaran de temblar. Me quedé mirando el océano inmenso, preguntándole a Dios: *¿Por qué? ¿Por qué parece, una vez más, que una persona que me causó tanto dolor se sale con la suya?* No sé cuánto tiempo permanecí sentada allí en un silencio sepulcral. Sin embargo, al final me di cuenta de que el agua salada se acercaba cada vez más. La marea estaba subiendo y sabía que si no me movía, el agua pronto me arrastraría junto con mis cosas.

Una parte de mí pensó: *Bien, que se vaya todo al mar.* Pero luego tuve otro pensamiento: *La belleza del océano viene con la realidad de la marea.*

Empecé a repetir esta frase una y otra vez hasta que se me ocurrió algo más.

Muchas cosas en la vida vienen en un paquete. Cuando elegimos participar de una parte de él, participamos de todo. Las relaciones son así. Los trabajos son así. Tener una casa es así. Incluso las vacaciones son así. Todas estas cosas son paquetes: vienen con partes atractivas y partes desafiantes. El pecado no es diferente. Cuando alguien comete algún tipo de pecado en tu contra, lo que parece tan tentador acerca del pecado siempre vendrá con las consecuencias de ese pecado.

Cuando otras personas nos agravian de manera intencional y nos hieren descaradamente, pero nunca parecen sufrir consecuencias por nada de ello, esta aparente falta de justicia es la que puede resucitar la amargura que creíamos haber superado, y sin duda puede aumentar la desconfianza.

Me llevó tiempo seguir reflexionando sobre esto. No obstante, finalmente reconocí la verdad que me ayudó y me sigue ayudando a manejar la injusticia de las situaciones hirientes: cuando las personas pecan contra nosotras, desatan las consecuencias de ese pecado en sus vidas. Es posible que nunca las veamos. De hecho, puede parecer que se han salido con la suya. Sin embargo, hoy podemos recordar que al final «comerán del fruto de su conducta, y de sus propias artimañas se hartarán» (Proverbios 1:31, NBLA).

Lo mejor que podemos hacer es confiar en que Dios se hará cargo de las consecuencias y asegurarnos de no caer en opciones pecaminosas tratando de corregir errores.

Sé que si tan solo abro su Palabra, encontraré consuelo e instrucción... pero también tengo que estar dispuesta a abrir mi corazón y mi mente para poder recibirla.

Irónicamente, durante la misma semana en que se publicaron los artículos sobre mí estuve repasando algunos devocionales que había escrito en el pasado. Uno de ellos era sobre la historia de Ester, y esta vez me impactó de un modo muy diferente.

Durante la mayor parte del libro de Ester, un hombre llamado Amán, quien quería exterminar al pueblo judío, parecía que iba a salirse con la suya en su retorcido plan. Dios aparentemente no estaba interviniendo. Parecía que el mal iba a ganar. Sin embargo, al fin las cosas empezaron a cambiar, y así llegamos a Ester 7 para leer el relato de la caída de Amán, que acabó con su muerte.

Los planes de Amán se frustraron y sus malas intenciones lo llevaron a su propia humillación. Amán, aquel que había estado tramando matar a otros, se convirtió en el que imploraba por su propia vida (7:7). La misma horca que había construido para matar a Mardoqueo, el querido pariente y guardián de Ester, se convirtió en el escenario de su propia muerte (v. 10). Él comió el fruto de sus propios planes malvados.

Ahora bien, hagamos una pausa antes de empezar a chocar las manos y decir: «Sí, recibieron lo que se merecían». Créeme, me siento tentada a celebrar cuando aquellos que han causado destrucción y devastación experimentan dificultades que creo que se merecen. No obstante, tengo que recordar que añadir más odio y dolor nunca ha sanado a nadie y no es algo sabio. Esto ciertamente no me va a ayudar a encontrar la paz. Santiago 3:13-18 nos enseña que hay una sabiduría que desciende de lo alto, pero también hay otro tipo de «sabiduría» terrenal que puede ser natural y demoníaca.

> ¿Quién es sabio y entendido entre ustedes? Que muestre por su buena conducta sus obras en sabia mansedumbre. Pero si tienen celos amargos y ambición personal en su corazón, no sean arrogantes y mientan *así* contra la verdad. Esta sabiduría no es la que viene de lo alto, sino que es terrenal, natural, diabólica. Porque donde hay celos y ambición personal, allí hay confusión y toda cosa mala.
>
> Pero la sabiduría de lo alto es primeramente pura, después pacífica, amable, condescendiente, llena de misericordia y de buenos frutos, sin vacilación, sin hipocresía. Y la semilla cuyo fruto es la justicia se siembra en paz por aquellos que hacen la paz. (NBLA)

Así que voy a dejar a un lado aquello que, en mi carne, creo que se merecen y recordar que fuimos llamadas a orar por nuestros enemigos para que Dios los guíe al arrepentimiento. Y eso no significa que oremos para que sufran. Al fin y al cabo, siempre queremos que la misericordia de Dios esté presente, porque nosotras también la necesitamos. Es importante recordar que pecar contra otros no incluye solo lo que hicieron esas personas que nos lastimaron. Tú y yo también somos pecadoras. Hemos herido y heriremos a otros. Hemos pecado y volveremos a pecar contra otros. El pecado nos ciega a todos. El pecado de Amán lo cegó, le endureció el corazón y finalmente lo atrapó, porque eso es lo que el pecado siempre logra. Muchas veces a lo largo de las Escrituras, cuando se menciona el pecado, se le relaciona con no ser conscientes o con estar cegados por nuestros propios deseos o un endurecimiento del corazón. Hebreos 3:12-13 nos recuerda lo siguiente: «Cuídense, hermanos, de que ninguno de ustedes tenga un corazón pecaminoso e incrédulo que los haga apartarse del Dios vivo. Más bien, mientras dure ese "hoy", anímense unos a otros cada día, para que ninguno de ustedes se endurezca por el engaño del pecado».

En cualquier situación que estemos enfrentando, no queremos hacer lo malo para tratar de lograr lo bueno. Podemos comprometernos a mantener nuestro corazón puro y a depositar nuestra confianza en el lugar más seguro: con Dios. Él es quien se ocupa del pecado: «Mía es la venganza; yo pagaré. A su debido tiempo, su pie resbalará. Se apresura su desastre, y el día del juicio se avecina» (Deuteronomio 32:35). Él lo ve todo. Y siempre está presente.

En el libro de Ester, donde ni siquiera se menciona el nombre de Dios, su presencia sigue estando allí. Ningún ser humano podría haber organizado lo que sucedió. Sin embargo, Dios a veces actúa de maneras increíbles sin llamar la atención. Desde luego, Ester hizo su parte, como muchos otros. Pero, una vez más, ellos no hicieron lo malo para conseguir lo bueno. Hacer las cosas como Dios manda y a su tiempo es la manera correcta y el tiempo oportuno para hacerlas.

Esta no es la única vez en las Escrituras en la que un plan malvado parecía que iba a ganar. En la vida de Jesús, sus enemigos —el rey Herodes, los fariseos y saduceos, y Poncio Pilato, por nombrar algunos— creían haber creado un plan infalible para deshacerse del Mesías y derrocar su reinado. Sin embargo, los hombres que se levantaron contra Jesús no eran los únicos villanos de la historia. El villano final era el Enemigo, Satanás, y las nocivas fuerzas malignas que él dirige. La ironía es que el mismo plan de Satanás condujo a la historia redentora de Jesús. El Enemigo puso a Jesús en el camino hacia la cruz, pero con cada paso que Jesús daba, el Enemigo se acercaba más a la derrota. En una inversión de los sucesos similar, el plan y la estrategia de Amán se utilizaron en su contra para provocar su propia muerte.

En ambas historias:

- Había un plan malvado.
- Existía un enemigo.
- Las personas iban a ser destruidas si alguien no intervenía para salvarlas.
- Surgió un héroe de origen humilde que no se parecía en nada a lo que la gente esperaba.
- Los héroes permanecieron humildes y honraron a Dios en su manejo de la terrible situación.
- Los héroes se encontraban en una posición única para cumplir el plan de Dios.
- Los héroes dejaron a un lado lo que era mejor para ellos por un propósito mayor.[2]

En el caso de la muerte de Amán, el culpable murió en lugar del inocente. En el caso de Jesús, el inocente murió en lugar del culpable.

Ah, amiga, te ruego que hoy nos aferremos a esta verdad: la oscuridad, el pecado y la desesperanza han sido vencidos. Jesús lo hizo por mí. Y lo hizo por ti. Jesús te ama. Jesús te ve. La batalla que estás enfrentando, sin importar cuán oscura se sienta, no es en vano. Puede que no seamos capaces de ver la victoria ahora mismo, pero gracias a Jesús el mal será derrotado para siempre. El mundo que conocemos ahora, plagado de pecado y dolor, no es nuestro hogar. El nuevo cielo y la nueva tierra están mucho más cerca de lo que pensamos (Apocalipsis 21:3-8). No obstante, por ahora, nuestra tarea es seguir a Dios y continuar confiando en él.

Sé que no es fácil, sobre todo cuando muchas de las cosas a las que nos enfrentamos nos parecen increíblemente injustas.

A veces creo que me aferro a la carga de la injusticia porque no veo pruebas tangibles de que Dios esté haciendo algo. Sin embargo, esto es lo que me recuerdo a mí misma: no servimos a un Dios que no hace nada. Incluso en el silencio, en lo desconocido y en los lugares donde parece que el mal está ganando, Dios está obrando. Podemos experimentar el mal en este mundo, pero aun así Dios reina sobre el mal. Hay un Salvador del mundo que vencerá sobre la maldad. Aunque lleve mucho tiempo y aunque no lo vea en mi vida. Jesús, nuestro vencedor, tendrá la victoria sobre el mal y los agravios cometidos contra ti. Esto no significa que me rinda. Significa que le entrego a Dios lo que nunca me correspondió cargar.

Y mientras tanto, simplemente tenemos que darle lugar al misterio de Dios. Romanos 11:33-36 nos recuerda:

> ¡Qué profundo es el conocimiento,
> la riqueza y la sabiduría de Dios!
> ¡Qué indescifrables sus juicios
> e impenetrables sus caminos!
> «¿Quién ha conocido la mente del Señor
> o quién ha sido su consejero?».
> «¿Quién primero dio algo a Dios,
> para que luego Dios le pague?».
> Porque todas las cosas proceden de él,
> y existen por él y para él.
> ¡A él sea la gloria por siempre! Amén.

Algo más que quiero que sepas

Tengo una amiga llamada Jenny que ha sufrido muchas circunstancias injustas. Ella decidió unirse a un grupo de apoyo con otras personas en situaciones similares. En sus reuniones, todas cuentan lo que está sucediendo en sus vidas. Cada semana, mi amiga se entera de las luchas y victorias de las mujeres de su grupo. Y por supuesto, ella celebra con cada persona que recibe una respuesta a sus oraciones. Jenny tiene una fe muy madura y es una de las personas más amables que conozco. Sin embargo, a veces le resulta difícil escuchar que Dios contesta las oraciones de otras personas mientras ella se sigue despertando a la confusión y realidades desgarradoras todos los días.

Mientras Jenny oraba y batallaba en su corazón, un día tuvo una revelación. Pronunció una frase en voz alta que trajo mucho consuelo a su corazón. Cuando me contó cómo ahora maneja mejor las victorias de otras personas mientras ella sigue sintiéndose herida, supe que esto era un punto de inflexión para mi perspectiva también. Jenny me dijo: «El camino de ellos para ver la gloria de Dios es diferente al mío».

Todas estamos en un proceso. Dios está con nosotras. Dios está a nuestro favor. Pero cómo nos guía y adónde nos conduce siempre será un misterio. No obstante, lo que no tiene por qué ser un misterio es lo siguiente: veremos la gloria de Dios, ya sea en este lado de la eternidad o en el más allá. Su gloria no será burlada. Su gloria no será negada. Su gloria será vista por aquellos que le han entregado sus corazones a él. Solo que tal vez viajemos por caminos diferentes a los de los que nos rodean.

¡Vaya! Ruego que esto te ayude tanto como me ha ayudado a mí.

Recuerda:

- Es difícil entrar de lleno en el futuro cuando el pasado no se queda atrás.
- Debemos seguir luchando para asegurarnos de que nuestras primeras palabras llenas de angustia no se conviertan en nuestras últimas palabras llenas de amargura.
- No puedo aferrar mi esperanza a mi percepción de la justicia de Dios. Y desde luego, no puedo basar mi esperanza en los resultados que deseo desesperadamente. Tengo que poner mi esperanza en quién es Dios.
- La ausencia de justicia no es una señal de la ausencia de Dios.
- Hacer las cosas como Dios manda y a su tiempo es la manera correcta y el tiempo oportuno para hacerlas.

Recibe:

«Comerán del fruto de su conducta,
y de sus propias artimañas se hartarán».
(Proverbios 1:31, NBLA)

«¿Quién es sabio y entendido entre ustedes? Que muestre por su buena conducta sus obras en sabia mansedumbre. Pero si tienen celos amargos y ambición personal en su corazón, no sean arrogantes y mientan *así* contra la verdad. Esta sabiduría no es la que viene de lo alto, sino que es terrenal, natural, diabólica. Porque donde hay celos y ambición personal, allí hay confusión y toda cosa mala.

»Pero la sabiduría de lo alto es primeramente pura, después pacífica, amable, condescendiente, llena de misericordia y de buenos frutos, sin vacilación, sin hipocresía. Y la semilla cuyo fruto es la justicia se siembra en paz por aquellos que hacen la paz». (Santiago 3:13-18, NBLA)

Reflexiona:

○ ¿Cómo te identificas con esta afirmación: «Dios parece estar resolviendo las cosas para otras personas, pero no veo su favor en la situación a la que me enfrento»? ¿Qué te ayuda a manejar ese sentimiento de injusticia?

○ ¿Qué perspectivas nuevas necesitas tener en cuenta cuando parece que los que te hicieron daño se salieron con la suya?

Ora:

Padre celestial:

Incluso cuando me enfrento a lo que me parece injusto en mi vida y mis relaciones, sé que puedo contar con el hecho de que tu carácter nunca cambia. Tu justicia y tu misericordia me reconfortan. Gracias por vencer la oscuridad, el pecado y la desesperanza que veo a mi alrededor. Tú estás obrando y tornarás el mal en bien. Ayúdame a entregarte todas las cosas que no me corresponde cargar.

En el nombre de Jesús, amén.

Capítulo 8

Intentaremos controlar lo que no nos inspira confianza

•

El otro día hablaba con una amiga sobre cómo definir la *vida* en una frase. Decidimos que la frase debería ser: «La vida... no es lo que esperaba». A veces la vida funciona como una fiesta sorpresa. Otras veces, como un ataque sorpresa. Lo único seguro es que estará llena de imprevistos.

Lo sé, pero sigo teniendo la sensación de que si conozco lo suficiente, me preocupo lo suficiente, investigo lo suficiente, planifico lo suficiente, organizo lo suficiente, hablo lo suficiente, me adelanto lo suficiente y me aseguro de que los demás estén de acuerdo conmigo, podré hacer que la vida siga transcurriendo como debería. Mis expectativas sobre cómo debe desarrollarse la vida son por el bien de toda mi gente. En lo que a mí respecta, mientras más se desvía la vida de mi definición de *bueno*, más quiero intentar controlar lo incontrolable. No es que todo esto sea malo. Después de todo, quiero ser responsable. Sin embargo, necesito examinarme para estar segura de que mi deseo de ser responsable no traspase la imposible tarea de controlar lo incontrolable.

Resulta curioso lo furtivo que es este deseo de ejercer el control. Después de todo, nunca me he considerado una persona controladora. En general, soy fácil de llevar y flexible, y me gusta que los demás planifiquen para que yo pueda simplemente seguir al grupo.

Cuando pienso en alguien que es controlador, suelo pensar en personas que emplean tácticas más abiertas y emocionalmente abusivas, como amenazar, aislar, culpar, humillar, actuar de forma posesiva, vigilar obsesivamente a alguien hasta niveles extremos y quitarle a alguien la capacidad de elegir por sí mismo. Ese no es el tipo de control del que hablo en este capítulo. El tipo de control al que me refiero aquí es uno motivado por mi deseo de evitar que tanto yo como mis seres queridos experimentemos dificultades y angustias.

No suena tan mal, ¿verdad? ¿No queremos todas evitar que ocurran cosas malas en la medida de lo posible? Sí, pero puedo caer en patrones poco saludables si intento evitar lo que está más allá de mi capacidad de control. Al fin y al cabo, si puedo evitar que ocurran cosas malas, no tengo que depender de nadie ni confiar en nadie. No tengo que participar en esa aterradora incertidumbre causada por personas que toman decisiones que lo estropean todo o lo ponen todo en peligro. Y no tengo que involucrarme en la aterradora incertidumbre de confiar en Dios, quien permite cosas tan confusas en el mejor de los casos y devastadoras en el peor.

No obstante, mi deseo de control es una ilusión. O posiblemente una desilusión. Es presuntuoso y muy orgulloso de mi parte pensar que sé qué es mejor. Y sin embargo, los lugares más sensibles de mi corazón, los que tiemblan de miedo porque no puedo soportar la idea de que otra cosa horrible se añada a la historia de mi familia, siguen diciendo: «Inténtalo. Porque quizá esta vez puedas mantener el control».

La confianza puede sentirse como una traición a mis esfuerzos por mantenerlo todo bajo control mientras los demás no prestan la atención suficiente a las cosas.

Suspiro.

Quiero que mis relaciones sean a prueba de balas. Quiero que todos mis seres queridos tengan las mismas ideas que yo sobre lo que es mejor. Quiero controlar la narrativa para que los demás no me vean con malos ojos o para no parecer poco calificada, tonta o como si no tuviera las cosas claras. Quiero construir redes de seguridad alrededor de cualquier cosa que me parezca arriesgada. Quiero que Dios sea predecible. Y quiero que la vida sea segura, se sienta bien y vaya según lo planeado.

Tal vez ese también sea tu deseo. O quizás tus deseos de control sean diferentes. Una de mis amigas me dijo que, para ella, el control se manifiesta en estar siempre limpiando lo que ensucia su familia en lugar de poder sentarse con ellos y disfrutar del tiempo juntos. No es que esté siendo responsable, sino que la limpieza se convirtió en una obsesión.

Ella también puede reconocer esto cuando revisa y vuelve a revisar las mochilas de sus hijos cada noche antes de acostarse. Sus hijos están en una edad en la que son capaces de recoger sus cosas por sí mismos. No obstante, si los deja hacerlo, se arriesga a que la mañana siguiente sea un caos si olvidan algo. No quiere arriesgarse a llegar tarde al trabajo por tener que dar la vuelta y regresar para recoger alguna cosa que olvidaron. O peor aún, no quiere que el colegio la llame a mitad del día para decirle que tiene que llevar lo que falta. Es comprensible, ¿verdad? A medida que continuamos hablando de ello, el verdadero problema resultó ser que no quiere que sus hijos sufran por no tener lo que necesitan, como le ocurría a ella constantemente cuando era niña. En resumen, no desea ser como su madre. No solo quiere ayudar a sus hijos. Quiere evitar que sufran las consecuencias de sus decisiones a veces irresponsables. Y no quiere parecer una madre que no puede mantener las cosas bajo control. De nuevo, no desea que los profesores la perciban como alguien altamente irresponsable, como lo era su madre.

Sea cual sea la forma en que ejerzas el control y las razones que te hayan llevado a ello, debes saber que intentar mantener las cosas bajo control por medio de medidas realistas es una buena cualidad. Pero si tú y yo nos aferramos tanto a ello que nuestros niveles de estrés y ansiedad hacen que a los demás les resulte complicado estar cerca de nosotras, o estamos constantemente al límite con un agotamiento que afecta nuestras emociones, tenemos que reconocer que esta no es una forma sostenible de vivir. En otras palabras, si nos pasamos el día apretando las mandíbulas, será muy difícil sonreír y disfrutar de nuestra vida.

¿De dónde viene esta ansiedad? Para mí, de la tensión entre lo que quiero y lo que realmente está sucediendo. Cuando algo no me gusta, no me parece bien o no va según lo previsto, quiero hacer todo lo posible para arreglarlo. No soporto que me tomen desprevenida. Si va a ocurrir algo malo, al menos deseo verlo venir a tiempo a fin de prepararme para el impacto. Quiero lidiar con las consecuencias antes de que ocurran. Quiero mantener mi buena reputación como madre, amiga, hija, hermana, trabajadora del ministerio y líder. Seguramente, todos mis esfuerzos garantizarán que haya mucho menos sufrimiento para mí y los que viven conmigo.

Como resultado, hago gimnasia mental para intentar controlar el juego. *Si hago esto, seguramente ella hará aquello, ¿cierto? Es mejor que no diga que no, porque si lo hago, la alejaré aún más. Apuesto a que si le doy esto, entonces volverá al buen camino. Si le prometo esto, dejará de cometer ese error. Si hacemos x, y, y z, las cosas irán mucho mejor para todos. Si consigo reunir suficientes pruebas para mostrarles mi perspectiva, entonces querrán hacer lo que estoy sugiriendo. Seguro que él verá las mismas banderas rojas que yo si lo ayudo a ser consciente de sus puntos ciegos. La vida funcionará como corresponde si todos somos precavidos, cuidadosos y corteses, y calculamos el costo antes de tomar decisiones. ¿De acuerdo?*

A veces, cuando aquellos con los que me relaciono toman decisiones inesperadas y sobrevienen circunstancias difíciles, me siento como si estuviera al borde de un precipicio con personas que están decididas a ir en una dirección opuesta a mi definición de lo que es correcto, justo y bueno. Algunas se tambalean al borde del precipicio. No piensan saltar, pero me causan estrés con sus decisiones arriesgadas. Otras están en plena fase de salto. Actúan como si no pasara nada, como si la caída fuera de unos pocos metros. Mientras tanto, yo veo una fatalidad inminente que ellas ignoran. Me desconcierta que no vean el peligro. Me asusta su descuido. Corro de una persona a otra, intentando que retrocedan. Sin embargo, tan rápido como los alejo del borde, vuelven a este una y otra vez. No soporto la idea de que caigan al vacío. Conozco a esas personas. Las quiero. Cada una de ellas lleva consigo un trozo de mi corazón. Cuando sufren, yo sufro. Sus decisiones no solo afectan sus vidas, sino también la mía.

Deseo con desesperación que vuelvan a un lugar seguro. Para mí, una parte crucial de confiar en alguien es saber que puedo contar con que actuará de forma responsable y pondrá el mismo nivel de consideración en sus decisiones que el que yo pongo en las mías. Quiero que tomen sus decisiones y vean los mismos resultados potencialmente terribles que yo veo.

No se trata de que desee que piensen exactamente igual que yo, pues me doy cuenta de que todos somos diferentes. Y eso es bueno, porque es posible que me equivoque. No obstante, me va a resultar difícil creer que es seguro confiar en sus apreciaciones si no tienen un buen historial de decisiones acertadas. Si empiezo a olfatear que no están pensando bien las cosas, me siento obligada a intervenir.

Esto se debe a que si están haciendo a un lado la precaución, sé que hay muchas probabilidades de que sea a mí a quien recurran para que los ayude a recoger los pedazos. Y temo las consecuencias que ambos sufriremos si las cosas salen mal. Estoy agotada de recoger los pedazos de cosas que yo no destrocé.

Suspiro de nuevo. Mi cerebro está tan cansado de intentar ir siempre un paso más allá del gran desastre que temo que ocurra si no intervengo. ¿Y tú? ¿Cómo ves que las tendencias controladoras se infiltran en tu vida? Encuesté a algunas de mis amigas con respecto a este tema y surgió la siguiente lista:

- Necesidad de conocer todos los detalles.
- Intentar obsesivamente averiguar cómo evitar que ocurran cosas malas.
- Hacer todo lo posible para asegurar que no te tomen desprevenida.
- Enfadarse cuando la gente se desvía de tu plan.
- Tener expectativas poco realistas de los demás.
- Suponer que los otros son incapaces.
- Planificar en exceso.
- Ser demasiado rigurosa con los límites.
- Pensar que tu manera es siempre la mejor.
- Recurrir al sentimiento de culpa.
- Apelar al silencio.
- Tener una mala actitud cuando te piden que seas flexible.
- Tratar las pequeñas molestias como ofensas épicas.
- Buscar oportunidades para decir: «Te lo dije».
- Negarse a dejar que los demás vean tu lado vulnerable para poder seguir al mando.
- Reclutar a otros para presionar a quien crees que no coopera con tu plan.

Si ves algunas de tus propias tendencias en la relación anterior, debes saber que esta lista no pretende hacerte sentir avergonzada. No se trata solo de mi problema o tu problema, sino de una cuestión humana. Algunas de las conductas que aparecen en la lista provienen de buenas intenciones y están en consonancia con la forma en que Dios te ha diseñado (ser detallista, por ejemplo). Cuando se plantan en el terreno adecuado, son grandes cualidades. Sin embargo, ten en cuenta que estamos hablando de llevar estas cualidades a un extremo, a un lugar donde se utilizan para controlar.

Esta lista nos da un punto de partida para considerar dónde el caos del control puede estar robándonos nuestra paz. Todas estas tendencias son comprensibles en algunas circunstancias. No obstante, cuando se convierten en los patrones a los que recurrimos para afrontar el riesgo relacional y el miedo a lo desconocido, tenemos que trabajar en ellas.

Recuerda: controlar a los demás no nos ofrecerá la vida que queremos. La ilusión del control hace promesas grandes, pero nunca las cumple. No nos dará seguridad. No evitará que nos rompan el corazón. No hará la vida menos complicada. No conseguirá lo que tanto deseamos. Y no hará que nuestras relaciones sean lo suficientemente estables como para que crezca una verdadera confianza.

Si pensamos que somos la fuerza estabilizadora que mantiene todo unido y a todos los demás a raya, viviremos agotadas y desilusionadas por las imperfecciones de la gente. Y nos inquietaremos, nos preocuparemos e incluso tendremos ataques de pánico cuando veamos caminos mucho más seguros en la vida, pero las personas a las que queremos se nieguen a transitarlos.

Aunque tengamos buenas intenciones con nuestros esfuerzos para controlarlo todo, y aunque estemos totalmente en lo cierto al afirmar que si no mantenemos las cosas en orden, se desmoronarán, nuestros esfuerzos humanos no son sostenibles. Podemos arreglar algunas cosas durante un período de tiempo corto, pero no podemos arreglar lo que está más allá de nuestra capacidad.

Sé esto. Sin embargo, no vivo como si lo supiera cuando permito que mi deseo de control se infiltre una y otra vez.

Cuando miro esa lista de indicadores de control, para mí, no querer que me tomen desprevenida es uno muy importante. No quiero que me sorprendan con la guardia baja. Eso me hace parecer irresponsable y ajena a cosas de las que debería haber sido consciente. No quiero que las situaciones me golpeen antes de haberme preparado para el impacto.

Creo que muchas de nosotras somos así, ¿verdad? Quizá no quieres que te tomen desprevenida porque no deseas pasar vergüenza. No quieres que los demás tengan algo que puedan usar en tu contra.

No quieres que te juzguen erróneamente como incapaz. No quieres parecer una tonta. O tal vez no te gusta sentirte como si te hubieran excluido cuando los demás saben algo de lo que tú no eres consciente.

Todo este tema del control es difícil de admitir y procesar, así que permíteme añadir un poco de frivolidad. Hermana, lo que estoy a punto de compartir es una historia verídica y puede ser corroborada por las diez mil almas que estaban presentes ese desafortunado día. Para una chica a la que no le gusta que la tomen desprevenida, esto fue insólito.

Era una de las primeras veces que me pedían que hablara en un evento tan grande. Estaba muy nerviosa, tanto que me temblaban las rodillas y las manos, y tenía la boca tan seca como una bola de algodón. En este evento en particular había patrocinadores, y se suponía que los oradores debían hacer un llamamiento para apoyar a los patrocinadores además de dar su mensaje. Como no tengo el don espiritual de los anuncios, les pedí a los coordinadores que me escribieran todos los detalles del anuncio que debía dar. Por suerte, me dijeron que no tenía que decir ni una palabra, porque otros dos oradores se encargarían de hacerlo. Lo único que tenía que hacer era repartir los programas de apadrinamiento de niños. *Estupendo*, pensé.

Esta organización de apadrinamiento de niños hace un trabajo increíble para ayudar a los niños pobres de todo el mundo a tener comida, agua y oportunidades de aprendizaje mientras les enseñan sobre Jesús. Yo apadrino a un niño a través de otra organización con una misión similar, pero no conocía los detalles de cómo funcionaba este programa de apadrinamiento en particular. Así que repartir el material informativo me pareció el trabajo más adecuado para mí. Varias veces, verifiqué con los responsables que no tendría que decir absolutamente nada.

Cuando los otros dos oradores y yo subimos al escenario para invitar al público a participar en esta noble causa, yo llevaba una bolsa con los paquetes de patrocinio. Estaba dispuesta a entregarlos a cualquiera que levantara la mano. Así que allí estaba yo, de pie en el escenario, sonriendo y sintiéndome segura del trabajo que me habían asignado. Sin embargo, lo que ocurrió a continuación fue, bueno, un desastre. Realmente lo fue.

Los otros dos oradores de alguna manera se emocionaron y se sintieron impulsados a tomar mi bolsa y entregarme el micrófono. Luego se adentraron en la multitud que ahora me miraba fijamente, esperando a que diera todos los detalles. Los detalles que figuraban en las tarjetas que los oradores se llevaban cada vez más lejos de mí.

El recinto permanecía en silencio. Los focos me iluminaban. Y mi mente estaba en blanco.

No conocía ningún detalle. Y con cada segundo que pasaba, la atmósfera del lugar se volvía más y más incómoda. Intenté tragar con fuerza, pero no había ni una gota de saliva que lo hiciera posible. Tenía que decir algo. ¿Pero qué?

Decidí que, en lugar de inventar los detalles y estropear la presentación, me limitaría a encontrar una forma de relacionarme con las dificultades de estos niños tan necesitados de padrinos. ¡Seguro que si hablaba un poco, los otros oradores volverían con esas tarjetas de anuncio!

Con los ojos muy abiertos y el corazón a punto de salírseme del pecho, abrí la boca. Lo que pretendía decir era: «Me identifico con esos niños que se encuentran en una situación desesperada». En lugar de eso, lo que salió de mi boca fue: «Yo también solía ser uno de esos niños».

Todo el público se quedó boquiabierto. Y de repente caí en la cuenta de que creían que yo había sido una niña en este programa de apadrinamiento. Intenté aclararlo, pero no tenía arreglo. Ahora estaba metida hasta las rodillas en un testimonio que no era el mío. Mientras más hablaba, más empeoraba la mentira involuntaria a causa del pánico.

La situación se volvió tan grave que el productor del evento se acercó al escenario y exclamó: «¡Alto! ¡Alto! ¡Alto! ¡Alto! ¡Alto!». Si hubieran tenido una trampilla, estoy segura de que la habrían abierto y dejado que el escenario me tragara entera. La buena noticia es que muchos niños fueron apadrinados ese día. La mala noticia es que nunca supe cómo remediarlo, hasta ahora.

Puedes estar segura de que nunca subiré a un escenario ni haré ningún tipo de anuncio a menos que tenga todos los detalles escritos en una tarjeta en mis propias manos.

Esta experiencia de que me tomaran desprevenida es ahora una anécdota divertida. Sin embargo, en otras ocasiones en las que me han tomado desprevenida de forma hiriente, tengo que luchar mucho para mantener mi corazón sensible y abierto. Quiero levantar los puños y ponerme a la defensiva. O quiero retirarme, meterme en mi cama y pedirle al mundo que me deje en paz.

No obstante, el Señor quiere que me humille y me dé cuenta de que a él nada lo toma desprevenido.

Las personas que quebrantan nuestra confianza no tienen el poder de destruir los buenos planes de Dios para nuestra vida. Tal vez tengan suficiente influencia sobre nosotras como para herir nuestros corazones y hacernos sentir descarriladas. Incluso podemos pensar que sus acciones han creado tanta destrucción que la vida nunca volverá a ser normal. Pero las personas nunca son más poderosas que Dios.

Aunque siempre habrá grietas en la confianza que tenemos en la gente, no hay grietas en la confiabilidad de Dios.

Las personas que quebrantan nuestra confianza no tienen el poder de destruir los buenos planes de Dios para nuestra vida.

Esto no pretende ser una especie de «curita cristiana» que le ponemos a las situaciones en las que no sabemos qué más decir. Es una afirmación de una verdad que me ha costado mucho aprender y voy a necesitar que me recuerdes la próxima vez que me encuentres llena de ansiedad porque alguien a quien quiero va en una dirección que me está asustando de verdad. Y es una verdad a la que quiero que nos aferremos mientras leemos el resto de este capítulo. Las personas nunca son más poderosas que Dios.

Su Palabra nos lo confirma una y otra vez con verdades como las de Lamentaciones

3:22-23: «Las misericordias del Señor jamás terminan, pues nunca fallan Sus bondades; son nuevas cada mañana; ¡grande es Tu fidelidad!» (NBLA). Estos versículos no solo nos infunden seguridad con afirmaciones fuertes y definitivas como «jamás terminan», «nunca fallan» y «grande es tu fidelidad», sino que me encanta la frase «son nuevas cada mañana». Piensa en la confianza que tienes cuando algo es nuevo. Cuando algo es viejo, puede empezar a desgastarse y volverse cada vez menos fiable. Las misericordias de Dios nunca se desgastan y nunca se vuelven cada vez menos dignas de confianza.

No obstante, si vamos a recibir el beneficio de esta promesa, tenemos que creerla, aferrarnos a ella y declararla en voz alta cuando vengan las dudas. Y de seguro vendrán.

Después de que quebrantaran mi confianza de forma dura e inesperada, intentar tomar el control se convirtió en una habilidad de supervivencia. Durante los años en que me tomaban constantemente por sorpresa y la vida estaba fuera de control, perdí gran parte de mi naturaleza tranquila. Recuerdo cómo durante esa época los mensajes de texto o las llamadas telefónicas de ciertas personas me hacían contener la respiración y prepararme para el impacto. Me llegaban tantas malas noticias que me sentía obligada a intentar controlar cada una de las fuentes del caos.

Al final, no funcionó. Tratar de controlar todo y de manejar situaciones y personas me dejó con patrones de pensamiento, dudas y desencadenantes que todavía estoy tratando de revertir. Estoy aprendiendo a reeducar mi forma de pensar para que un plan diferente no signifique un plan malo. Me da miedo, pero es necesario practicar para superar mi miedo a lo inesperado, dejando que las cosas en mi vida se desarrollen de forma diferente a lo que pensaba.

He progresado mucho en este sentido. Sin embargo, a menudo sigo teniendo problemas con las personas más cercanas a mí. Mientras más cerca estoy de alguien y más me impactan sus decisiones, más me angustio cuando hace algo que no me esperaba.

¿Te sientes identificada?

Las cosas que no entendemos acerca de alguien serán probablemente las cosas en las que no confiamos. E intentaremos controlar aquello en lo que no confiamos.

Como he dicho, a veces intento tomar el control volviéndome intensa, más directa y excesivamente enfocada en arreglar la situación que tengo entre manos. Otras veces hago lo contrario y simplemente me retiro, me apago, me retraigo y evito. Sin embargo, esas acciones también son una forma de controlar.

Ahora bien, ¿puedo decir algo para ambas? Por supuesto que hacemos eso. Algunas personas en nuestra vida nos han decepcionado, han demostrado que no querían lo mejor para nosotras, han metido la pata hasta el fondo, nos han mentido, nos han ocultado cosas, nos han hecho sentir impotentes, nos han hecho parecer tontas y nos han dicho que las cosas estaban bien cuando no era cierto. Pagamos un precio alto por sus acciones. Cuando las personas tienen un historial negativo, por supuesto que no es prudente que sigamos confiando ciegamente en ellas. No obstante, tampoco queremos que nuestras relaciones futuras paguen por los pecados de las personas que rompieron nuestra confianza en el pasado.

Ese es el mayor de todos los riesgos en este viaje. No se trata de que nos arriesguemos a confiar y que posiblemente nos vuelvan a romper el corazón. Se trata de que no creceremos ni sanaremos de lo sucedido. Mientras estemos atrapadas en el círculo vicioso de intentar controlar a la gente o evitarla, atraeremos el mismo nivel de disfunción en las relaciones futuras. No avanzaremos hacia las relaciones sanas y dignas de confianza que deseamos. Nos quedaremos atascadas en el mismo pozo de dolor donde estamos enojadas con las personas que nos traicionaron, tratando de controlar aquello en lo que no confiamos, dudando de que Dios realmente tiene algo bueno reservado para nosotras y limitando las posibilidades para nuestro futuro.

Sería muy triste que nuestra única definición de avanzar fuera invitar a otras personas heridas a nuestro pozo de dolor. Ahí estuve yo durante un tiempo, pero no es donde estoy ahora. Y sospecho, porque estás leyendo este libro, que tampoco es donde estás tú. Estoy muy orgullosa de ti y agradecida de que Dios nos haya reunido en estas páginas para que podamos seguir creciendo juntas.

Una de las principales cosas de las que necesitamos sanar es de creer que la única manera de protegernos a nosotras mismas es mantener un sentido de control sobre los demás y las circunstancias. Cuando ejercemos el control, pensamos que es la forma más rápida de restablecer la seguridad, eliminar el estrés y evitar lo que tememos que ocurra. Sin embargo, en realidad estamos haciendo lo contrario. Esto es así porque cuando tomamos el control, básicamente le estamos diciendo a Dios que se haga a un lado y nos deje tomar las riendas.

Hace poco tuve la oportunidad de visitar el puente de mando a bordo de un barco extremadamente grande. Hacia el final de la visita, el capitán me preguntó si quería sentarme en su asiento. Cuando lo hice, no pude evitar asombrarme de toda la destreza y todos los conocimientos que se necesitan para dirigir este buque con seguridad.

Los amigos que me acompañaban me tomaron varias fotos en las que parecía que tenía el control. Pero eso era una ilusión. No tenía los conocimientos ni la experiencia que se requieren para hacer nada útil, a menos que el capitán me instruyera. ¿Se imaginan qué petición tan insensata habría sido pedirle al capitán, que era totalmente capaz y estaba totalmente equipado, que pusiera su barco en mis manos totalmente incapaces? Puedo afirmar, sin dudarlo, que tenerme al mando de ese barco habría sido un riesgo que nadie hubiera querido correr. Es posible que me sintiera bien al tener el control durante unos minutos. Pero si quería volver a casa sana y salva, tenía que cederle el mando al capitán.

Al igual que en la vida, hay peligros en el mar que solo el capitán sabe manejar.

Intentar cargar el peso de mantener el control de todo y de todos es un papel que Dios nunca nos llamó a sumir. Y está afectando en gran manera nuestra paz.

He aprendido por las malas que intentar controlar a las personas no allanará el camino para construir una confianza sana en ellas. Y lo que es más importante, también he tenido que aprender que no siempre tengo razón. A veces veo un precipicio de perdición inminente que en realidad no es más que el borde de una acera.

Ahora quiero detenerme un minuto y reconocer lo difícil que es librarnos de algunas de las formas de control, porque sinceramente nuestra motivación no es que siempre queramos estar a cargo, sino más bien que queremos estar a salvo. En ocasiones, me sorprendo a mí misma mirando hacia el futuro, donde temo que haya una fatalidad inminente, y luego tratando de tomar decisiones sabias hoy para alejarme de los problemas tanto como pueda. A veces esto es sensato. Sin embargo, aunque es bueno planificar el futuro, no debemos obsesionarnos con él. Podemos controlar nuestras decisiones de hoy, pero no podemos controlar totalmente los resultados de mañana. Esta última frase me gusta tan poco como a ti.

En todo este proceso de la confianza tengo que aprender a reconocer lo que puede ocurrir o no en el futuro, pero tomar la decisión de vivir en el presente. Esto es lo que puedo controlar: tomar decisiones sabias ahora mismo, sabiendo que Dios tiene todo el control. Esto es lo que no puedo controlar: todo lo que ocurra en los tiempos que vendrán. En Mateo 6:34, Jesús nos recuerda: «Por lo tanto, no se preocupen por el mañana, el cual tendrá sus propios afanes. Cada día tiene ya sus problemas». Algo muy difícil de poner en práctica a veces, pero muy bueno de recordar siempre.

También estoy aprendiendo cómo confiar y en quién confiar mientras que al mismo tiempo equilibro mis expectativas con respecto a los demás. Intentar que todo y todos se ajusten a nuestras expectativas es una tarea imposible que en última instancia nos hace estar más ansiosas, no menos. Si mi objetivo final es que no me vuelvan a tomar desprevenida, estaré destinada al fracaso. Tengo que reconocer que volverán a quebrantar mi confianza en mayor o menor medida. Es imposible controlar a las personas y las circunstancias de tal manera que nunca me vuelvan a herir.

Esto es lo que puedo controlar: tomar decisiones sabias *ahora mismo*, sabiendo que Dios tiene todo el control. Esto es lo que no puedo controlar: todo lo que ocurra en los *tiempos que vendrán.*

Y ciertamente, mi objetivo al confiar en Dios no puede ser reducirlo a ser predecible. Por el contrario, mi objetivo debería ser hacer todo lo posible para depositar mi confianza en Dios y establecer condiciones responsables, cuidadosas y razonables para confiar en los demás.

A veces, confiaré en quien no debo. Y otras veces, privaré de mi confianza a quien no debo. Nunca lo haré todo bien. Ni tampoco me equivocaré del todo. No obstante, sufriré mucho más en el proceso cuando me aleje de Dios y trate de tomar yo misma el control de todo.

Mientras más intente forzar la vida que quiero, menos probable es que la consiga. Mientras más intente forzar las relaciones que quiero, menos probable es que disfrute de las personas que tengo delante. Mientras más les exija a los demás una perfección irreal, menos duraderas serán mis relaciones. Mientras más me niegue a confiar en Dios cuando él dice que no, más me perderé su protección sobre mí. Mientras más me impaciente con el calendario de Dios, más me alejaré de la belleza que él tiene para mí hoy. Con una mirada hosca y un corazón apesadumbrado, podría perderlo todo.

Ahora, quisiera que ambas respiráramos hondo mientras reflexionamos sobre la pregunta: «¿Qué hacemos al respecto?».

En este momento, nos sentamos y tomamos la decisión de recibir nuestra vida tal como es. Me imagino que tú, al igual que yo, has elevado muchas oraciones a Dios sobre lo que desesperadamente quieres que él haga con todo lo que estás enfrentando en este instante. Y creo con todo mi corazón que el día de hoy es parte de la respuesta a todas esas oraciones.

Por favor, lee esto con toda la ternura y la compasión que llena mi corazón mientras escribo.

Es posible que el día de hoy no sea lo que deseamos. Puede que no incluya a todas las personas que pensábamos que estarían a nuestro lado en esta temporada. Tal vez muchos de nuestros sueños no se hayan hecho realidad. Hemos perdido mucho. Hemos llorado mucho. Y ahora tenemos una colección de recuerdos desgarradores que desearíamos no tener. También tenemos recuerdos que desearíamos disfrutar, pero las cosas no salieron así. Nos duele. No lo entendemos. Entonces, ¿cómo algo de esto podría convertirse en una oración contestada?

Porque Dios no ha terminado.

Dar un gran paso adelante consiste en recibir lo bueno de este día y lo difícil de este día sin murmuración ni ansiedad. Puede que haya algunas cosas que podamos cambiar hoy. Y habrá muchas que no. Sin embargo, en lugar de tratar de controlar lo incontrolable, podemos calmar esa angustia con una hermosa práctica llamada *rendición*.

Cuanto antes le entreguemos a Dios todo lo que no entendemos, menos sufriremos. Y cada día que aceptemos nuestra vida y le entreguemos a Dios lo que no podemos controlar, nuestra confianza en él crecerá y producirá el fruto de la paz.

Intentar controlar lo incontrolable genera caos. Rendirse al único que tiene el control trae paz.

Repitamos las dos últimas frases: «Controlar a los demás genera caos. Rendirse a Dios produce paz».

El control es nuestra manera de intentar perfeccionar lo que nunca será perfeccionado.

El control es nuestra forma de intentar reducir el riesgo de salir heridas, pero en realidad aumenta las tensiones relacionales.

El control es nuestra manera de tratar de mantener las cosas como queremos que sean, sin darnos cuenta de cómo ese estrés nos está destruyendo en el proceso. Y es exactamente cuando estamos en control que les enviamos la más clara de las señales a los demás y a Dios de que no confiamos en ellos.

Como dije antes, intentamos controlar aquello en lo que no confiamos. Y vaya manera tan agotadora de vivir. Angustiadas. Molestas. Enfadadas. Irritables. Insatisfechas. Y actuando como si tuviéramos un poder que nunca tendremos. Me estoy dando cuenta de que cuando vivo de esta forma, estoy sucumbiendo a una vida egocéntrica

y basada en el miedo. Esa no es una vida centrada en Dios y fundamentada en la libertad.

No estoy diciendo que tú y yo seamos personas notoriamente ego-
céntricas. Quiero decir que cuando quitamos la confianza en Dios
del centro de nuestra perspectiva, ese vacío se llenará con un sentido
elevado de que todo depende de nosotras.

¿Recuerdas las dos frases cruciales? «El control genera caos. La
rendición produce paz».

La única manera que he encontrado para dejar de persistir en
algunas de las acciones controladoras mencionadas es reconocer
cuándo me estoy volviendo controladora. Y en ese instante de claridad,
necesito hacer una pausa y declarar que tomo la decisión de empezar a
entregarle a Dios todo aquello que está más allá de mi capacidad para
cambiarlo en ese momento.

- «Dios, te estoy entregando este giro inesperado de los acontecimientos. En lugar de entrar en pánico y perderme tu provisión,
  voy a buscar tu provisión en medio de esta circunstancia».
- «Dios, te estoy entregando este conflicto con mi amiga. En
  lugar de apresurarme a hacer juicios contra ella o contra mí, voy
  a dejar que el Jesús que vive en mí hable con el Jesús que vive en
  ella a través de la oración antes de abordar este asunto».
- «Dios, te estoy entregando mis dudas de que realmente obrarás
  en mi favor. En lugar de mirar las circunstancias de hoy como
  una evidencia de tu ausencia, voy a confiar en que el día de
  hoy es una parte necesaria del proceso que solo tú puedes ver
  en este momento».
- «Dios, te estoy entregando la tristeza que siento hoy. En lugar
  de tratar de encontrar alivio de maneras poco saludables, voy
  a buscar algún lugar donde pueda adorar, escuchar tu verdad,
  buscar tu presencia en la naturaleza o procesar mis sentimientos
  con personas que son bíblicamente sabias».

Estas oraciones son mi manera de reconocer que Dios es aquel que dirige y que yo lo sigo. Ahora bien, nota que usé la palabra *entregando*, lo que indica que es una decisión de cada día y aún estoy en el proceso de hacerlo. De ninguna manera lo he logrado, pero estoy dispuesta a seguir practicando. Algunos días lo haré mejor que otros. Dios ya sabe cuán fallidos serán mis esfuerzos, pero mantener mi corazón inclinado hacia él más veces de las que me alejo de él es un buen progreso.

Estaba haciendo este ejercicio de rendición durante un viaje misionero reciente a Nicaragua. Cierto día en el que teníamos mucho planeado para hacer, de alguna manera el auto que conducíamos bloqueó automáticamente las puertas y nos quedamos afuera. Nos habíamos bajado rápidamente para tomar una foto. Y dejamos nuestras pertenencias adentro, incluidas las llaves, sin darnos cuenta de que al cerrar la puerta el auto se bloquearía de forma automática.

Ese error nos costó un día entero. Todo lo que habíamos planeado se arruinó, porque donde estábamos no había cerrajeros. Alguien tuvo que conducir cuatro horas ida y vuelta para ir a buscar otro juego de llaves.

Era un día especialmente caluroso. Nos perdimos el almuerzo. El polvo de los vehículos que pasaban iba cubriendo poco a poco cada centímetro de nosotros. Y estábamos totalmente indefensos y desamparados hasta que conseguimos un juego de llaves extra. Recuerdo sentirme muy frustrada y molesta. Y podía sentir que surgía en mí una actitud bastante mandona. La idea de rendirle esto a Dios me parecía ridícula. (Nota al margen: si en medio de la angustia de la vida se siente ridículo entregarle algo a Dios, es señal de que hacerlo es lo absolutamente correcto).

Estaba orando mientras caminaba para encontrar una especie de baño cuando de repente me di cuenta de que unas florecillas blancas se movían en una línea perfectamente recta. Era como si a las flores les hubieran salido pies y estuvieran moviéndose y formando un surco a lo largo del borde de una pared de cemento. Pensé: *¿He soportado hoy tanto calor que ahora estoy tan delirante como para pensar que hay flores* *blancas bailando delante de mí?* Cuando me agaché para mirar más de cerca, me di cuenta de que había hormigas debajo de cada flor. Estaban llevando flores tres veces más grandes que ellas sin aparente esfuerzo.

Las flores se movían en la dirección correcta porque las hormigas tenían la fuerza suficiente para transportarlas. Las hormigas hacían lo que las flores nunca podrían hacer por sí solas. Era una imagen muy hermosa de cómo debería ser rendirle a Dios lo que no puedo entender o resolver por mí misma.

Susurré una oración en voz baja. «Dios, estoy muy frustrada por haber desperdiciado un día entero. Podríamos haber hecho muchas cosas buenas hoy. Pero estoy tomando la decisión de entregarte esta frustración y confiar en que aquí es exactamente donde tú nos quieres ahora. Aunque parezca una pérdida de tiempo sin sentido, sé que hay más de lo que puedo ver con mis ojos naturales».

Y entonces caí en la cuenta. Había orado y pedido a Dios que nos protegiera en este viaje. Supe en ese momento que, de alguna manera, confiar en él significaba creer que esta situación del auto representaba que estábamos viviendo la respuesta a las oraciones por su protección.

¿Cuántas veces en mi vida Dios ha respondido a mis oraciones, pero como sus respuestas no se parecen a lo que yo esperaba, me quejo y protesto? ¿Cuántas veces han sucedido este tipo de incidentes que podrían haber servido para profundizar mi confianza en el Señor, pero yo estaba demasiado centrada en mi frustración para hacer la conexión debida? ¿Cuántas veces he creado caos con las personas que amo porque prefiero controlarlas que confiar en ellas? ¿Cuántas veces he temido tanto que Dios me decepcione que he tratado la oración como un último recurso en lugar de como mi prioridad?

La rendición no es un acto único en el momento en que recibimos nuestra salvación. La rendición, la entrega, es diaria. A veces es a cada hora o incluso a cada instante. A lo largo de la Biblia encontramos casos en los que Dios actúa, y esa acción es el punto de partida de un camino que hay que seguir recorriendo fielmente. Por ejemplo, Dios libró a los israelitas de Egipto. Sin embargo, los israelitas tuvieron que vivir la realidad de su libertad aprendiendo a dejar atrás a Egipto mientras caminaban hacia la tierra prometida de Dios. El apóstol Pablo nos exhorta: «Lleven a cabo su salvación con temor y temblor» (Filipenses 2:12). Él estaba diciendo que sí, que somos salvos por Jesús, y que la salvación tiene implicaciones que tenemos que llevar a cabo y poner en práctica. El mismo concepto se aplica a la rendición. Tenemos que aprender a rendirnos, y luego aprender cómo rendirnos *continuamente* a Dios. Así que no se trata tanto de rendirse con un punto al final. Más bien, se trata de una rendición que implica un proceso, una acción continua de la que tenemos que ocuparnos constantemente, porque si bien ha comenzado, está incompleta. Se trata de un proceso y eso está muy bien, siempre y cuando lo mantengamos en marcha. ¿Cómo lo hacemos? Bueno, eligiendo rendirle a Dios lo que quiero controlar.

Esto no es un acto de debilidad. En realidad, es una fortaleza que necesito desarrollar cada vez más. Mi trabajo es mantener el dominio propio y ser obediente a Dios. El trabajo de Dios es todo lo demás.

Sé que renunciar a nuestro control sobre las narrativas, los resultados y todo lo que pueda complicar nuestras vidas puede sentirse como una caída libre. También sé que resulta tentador decir: «Rendirse no va a arreglar esta situación. No, solo va a provocar más dolor, más daño y más caos. Lo he visto suceder una y otra vez. Eso es lo que intento evitar».

Lo entiendo completamente.

Y Dios también.

Este no es un libro que te conducirá a hacerte más daño. No se trata de un libro que te diga que no actúes con responsabilidad o no establezcas mecanismos de seguridad en tu vida. No obstante, si lo piensas, aunque las medidas de seguridad suelen funcionar, nunca podremos afirmar que hemos creado un mundo plenamente seguro. Un mundo en el que todas las situaciones y personas sean cien por ciento seguras y dignas de confianza. Un mundo en el que nunca jamás nos volverán a hacer daño. La vida no funciona así.

Por supuesto, queremos ser prudentes, conscientes y tomar medidas para evitar que los comportamientos abusivos o inseguros queden sin control. Sin embargo, volvamos a la idea de la rendición, la cual indica una acción que se repite. Se trata de un trabajo continuo en nuestras vidas. Nosotras decidimos cómo llevar a la práctica esa rendición. Así que si al rendirte te sientes como si te estuvieras entregando a más dolor, quizá debas empezar poco a poco.

Una de las cosas que he aprendido a hacer es la siguiente. En el momento en que siento ansiedad, ganas de tomar el control o desconfianza, hago una pausa y me pregunto: *¿Cómo puedo practicar la rendición en este mismo momento?*

¿De qué manera se manifiesta eso en la vida real?

Rendirse puede ser...

- Susurrar una breve oración de rendición a Dios.
- Orar con las manos abiertas.
- Escribir las cosas que me preocupan en fichas y dejarlas todas en el suelo. Luego, recoger aquellas en las que puedo trabajar de forma realista y guardar las demás en mi Biblia.
- Establecer un breve límite de tiempo para mis pensamientos cuando estoy tratando de entender las cosas y empiezo a obsesionarme y preocuparme. Me concedo diez minutos más, y luego cambio de ambiente y me digo: *Ya he hecho mi parte por hoy. Ahora deja que Dios haga la suya.*
- También me gusta poner música de alabanza de fondo mientras hago algunos de estos otros actos de liberación. Hace poco, descubrí que Dios diseñó nuestros cuerpos de una manera tan específica que cantar calma nuestra ansiedad. La laringe está conectada al nervio vago, lo que significa que cuando cantamos o incluso tarareamos, el ritmo cardíaco disminuye y nos ayuda a calmarnos.[1] Esto me hace comprender aún más lo mucho que Dios cuida de nosotros de las formas más tiernas cuando nos centramos en él.

- Por último, podemos esforzarnos por notar y destacar los pequeños placeres del día y dar crédito a la bondad y la fidelidad de Dios por todos ellos.

Llevar a cabo estas prácticas sencillas me ayuda a permanecer en el proceso de renunciar a mi deseo de control, mi apego a los resultados, mis interminables preguntas, dudas y miedos... dejando todo en las manos del Dios que siempre es fiel. El Dios que va personalmente ·delante de mí. El Dios que nunca me deja sola.

Mientras más confíe en que Dios hará lo que solo él puede hacer, menos me resistiré. Mientras menos me resista a él, menos sufriré de ansiedad por lo desconocido.

Confiar en Dios es lo que nos dará el valor para confiar en quienes lo merecen. Cuando vivimos rendidas a él, sabemos que al final estaremos bien, aunque otros rompan nuestra confianza. Confiar en Dios debe ser el fundamento sólido y seguro sobre el que podamos apoyarnos mientras asumimos el riesgo y disfrutamos de las recompensas de las relaciones.

A medida que confíe más en Dios, no me asustaré tanto por el miedo a lo desconocido en mis relaciones. Cuando convierto cada momento de confusión en un momento de entrega, puedo sentir la ansiedad, pero no me dejo dominar por ella.

Algo más que quiero que sepas

Hace poco estaba navegando por Instagram cuando me llamó la atención una publicación de Nicki Koziarz. Hablaba de la definición de la palabra *maná*, el alimento que Dios les proporcionó a los israelitas cuando deambulaban por el desierto.[2] Esto me impulsó a tomar mi Biblia y volver a leer la historia en Éxodo 16. Ahora me encuentro en una época de la vida completamente diferente a la de la última vez que leí esta porción de las Escrituras. Y, vaya, a medida que mis ojos bailaban a lo largo de las finas páginas de mi Biblia, noté unos detalles nuevos que me impactaron ahora de una manera diferente.

Los israelitas habían estado esperando con ansias la liberación. Los egipcios los golpeaban y los explotaban sin piedad. Sin embargo, cuando Dios les envió un mensaje a través de Moisés prometiendo llevarlos a la tierra que juró dar a Abraham, Isaac y Jacob, estaban demasiado desanimados y agotados como para creer en la liberación. La Biblia nos dice: «Moisés dio a conocer esto a los israelitas, pero por su desánimo y las penurias de su esclavitud ellos no hicieron caso» (Éxodo 6:9).

Me identifico con estos sentimientos. Las duras realidades relacionales, las traiciones, las decepciones profundas, las circunstancias difíciles de aceptar y las cosas importantes de la vida que no sucedieron como yo esperaba pueden hacer que me resulte difícil ver más allá de mis realidades actuales. Tiendo a confiar más en que las cosas no mejorarán que en que sí lo harán. Cuando las circunstancias no se parecen a lo que imaginamos que deberían ser las respuestas a nuestras oraciones, resulta fácil no ver a Dios.

Esto ocurrió una y otra vez con los israelitas. Y me sucede una y otra vez a mí. En lugar de dejar que la fe llene los vacíos de las incertidumbres de mi vida, soy mucho más propensa a desanimarme, dudar y susurrar en voz baja: «Así es como son las cosas para mí. ¿Por qué me molesto siquiera en orar?».

No me gusta escribir eso. No me gusta vivir así.

Es por eso que me llamó mucho la atención la publicación de Nicki en Instagram sobre la comida (maná) que Dios les proveyó a los israelitas cuando finalmente fueron liberados y andaban libres por el desierto. Él explicó que la palabra *maná* significa «¿qué es esto?».

Y allí estaba, un detalle que nunca antes había percibido, pero que necesitaba conocer imperiosamente en ese momento. Porque, ¿cuántas veces Dios me ha dado su provisión perfecta conforme a su conocimiento preciso de lo que yo necesitaba, y la he mirado con ojos de confusión en el mejor de los casos, o en el peor no la he notado en absoluto? Maná cayendo a mi alrededor mientras clamo a Dios, preguntando: *¿Por qué están cayendo estos molestos copos blancos sobre mí? ¿Qué es esto? ¡Dios, haz que desaparezcan! ¡Confié en ti para que me dieras comida y recibo esto!*

Precisamente lo que quiero desechar y aquello por lo que me siento tan desilusionada y desanimada... una vez más... podría ser la respuesta exacta, para hoy, a las oraciones que he estado pronunciando.

¿Puedes pensar ahora mismo en algún momento de tu vida en el que te hayas formulado alguna versión de la pregunta «qué es esto»? No sigas leyendo y pases por alto esta pregunta. Es importante. Y es así porque cuando dejamos de rendirnos a Dios, empezamos a intentar tomar el control.

Ruego que seamos lo suficientemente valientes como para abrir nuestros corazones y nuestras puertas con el fin de rendirnos a Dios, de modo que él pueda ayudarnos a dar esos primeros pasos para poder avanzar. Quiero cambiar la impotencia de intentar controlar los resultados y a las personas por la fuerza de la rendición. Quiero liberarme de mis miedos y sustituirlos por una hermosa sensación de asombro. Y quiero empezar a caminar hacia delante, creyendo que todavía hay gente buena en la que merece la pena confiar. Dios sigue siendo bueno y tiene cosas buenas reservadas para mí. La vida sigue siendo un hermoso regalo. Y hay un mundo grande y asombroso justo al otro lado de la puerta de mi casa.

Recuerda:

o Las personas que quebrantan nuestra confianza no tienen el poder de destruir los buenos planes de Dios para nuestras vidas.

o Intentaremos controlar aquello en lo que no confiamos.

o Aunque es bueno planificar el futuro, no debemos obsesionarnos con él.

o Esto es lo que puedo controlar: tomar decisiones sabias ahora mismo, sabiendo que Dios tiene todo el control. Esto es lo que no puedo controlar: todo lo que ocurra en los tiempos que vendrán.

o Controlar a los demás genera caos. Rendirse a Dios produce paz.

Recibe:

«Las misericordias del Señor jamás terminan,
Pues nunca fallan Sus bondades;
Son nuevas cada mañana;
¡Grande es Tu fidelidad!».
(Lamentaciones 3:22-23, NBLA)

«Por lo tanto, no se preocupen por el mañana, el cual tendrá sus propios afanes. Cada día tiene ya sus problemas».
(Mateo 6:34)

Reflexiona:

○ ¿Qué tipo de cosas sueles hacer en tu vida y tus relaciones a fin de intentar «asegurarte» de que las cosas salgan bien para ti y los demás?

○ ¿En qué área de tu vida te obsesionas con el futuro en lugar de simplemente planificar para el futuro? ¿Qué pasos podrías dar hoy con el objetivo de depositar tu confianza en Dios para manejar lo que te depare el mañana?

○ ¿Qué pensamientos te vienen a la mente cuando te sientas a reflexionar sobre las siguientes afirmaciones? «Controlar a los demás genera caos. Rendirse a Dios produce paz».

Ora:

Padre celestial:

Tú conoces mi lucha entre confiar en ti y tomar el control. Necesito tu guía mientras intento entregarte todo. Quiero cambiar la impotencia de tratar de controlar los resultados y a las personas por la fuerza de la rendición. Quiero liberar mis miedos y reemplazarlos con una confianza tranquila en ti. Y quiero empezar a caminar hacia adelante, creyendo que todavía hay personas buenas y seguras en este mundo con las que vale la pena relacionarse. No puedo hacer esto sin ti.

En el nombre de Jesús, amén.

Capítulo 9

Las máquinas de hielo
y los océanos

.

Solo se trataba de una máquina de hielo rota. No era una catástrofe. Estaba a salvo. Estaba en un buen lugar. Y tenía ganas de pasar unos días de vacaciones. Sin embargo, cuando la máquina de hacer hielo se rompió en la casa de la playa en la que nos alojábamos y no pude encontrar un técnico que me ayudara, empecé a desmoronarme. Estaba teniendo una reacción desproporcionada ante la pequeña situación que enfrentaba. Y cuando eso ocurre, sé que no se trata solo de ese problema. Son todas las otras cosas relacionadas con él.

Sentí que se me saltaban las lágrimas. Pronto, tenía el puño en alto y empecé a quejarme.

«Si no hubiera roto mi confianza una y otra vez. Si no hubiera sido tan permisiva. Entonces, quizá nuestra relación seguiría intacta y yo no me sentiría tan frustrada cada vez que algo se rompe, ¡porque él sabe cómo arreglar las cosas! ¡Yo no puedo arreglar esto! Y no puedo encontrar a un técnico. E incluso si encuentro a alguien que me ayude, ¿qué pasará si hay que pedir una pieza? ¿Y si esa pieza no está disponible? O peor aún, ¿y si la máquina no se puede arreglar? Así que aquí estoy con otra cosa rota, ¡y no hay nada que pueda hacer al respecto!».

Lo sé, lo sé. Estaba actuando como una niña. Por lo general, soy muy de «ir con la corriente». Pero no aquel día.

Como a la tercera vez que dije en voz alta: «¡No puedo arreglar esta máquina de hielo!», me detuve. De repente, me sentí increíblemente avergonzada por mi rabieta. Sin embargo, en lugar de hacer que me detuviera, la vergüenza solo aumentó la intensidad de mi frustración. Dejé escapar un gruñido gutural: «¡Grrrrr!». De pronto, fue casi como si al vaciar mi garganta tensa de toda la rabia dejara espacio para un pensamiento. Me vinieron a la mente cuatro palabras... *Pero ¿y si pudiera?*

¿Y si intentara arreglarla? ¿Qué es lo peor que podría pasar? ¿Que se rompiera? Ya estaba rota.

Revoleé los ojos ante lo absurdo de lo que estaba a punto de intentar. Busqué en Google «cómo arreglar una máquina de hacer hielo». Era una búsqueda muy general, con demasiadas opciones e instrucciones escritas. Entonces, decidí hacer mi pregunta en YouTube y acoté la búsqueda con el nombre del congelador.

Vi el video varias veces. Abrí el congelador donde se alojaba toda la mecánica de la máquina de hielo. Es posible que dijera en voz alta: «No me vencerás. Caramba, voy a resolver esto».

Y no es broma, ¡lo hice! ¡Arreglé la máquina de hielo! Por la forma en que bailé por la cocina, cualquiera hubiera pensado que acababa de escalar el Everest o de correr una maratón.

Entonces, cuando oí el hielo girar y caer en mi vaso, me di cuenta de que en realidad nunca se trató de la máquina de hacer hielo ni de si podía arreglarla. Este fue un momento de resiliencia que pude ver, tocar y celebrar. Esa resiliencia era una prueba tangible de que estaba sanando, creciendo y avanzando al intentar cosas nuevas. Pero, sobre todo, fue un momento en el que no sucumbí a las limitaciones de vivir herida.

He escrito muchas veces en mi diario: «Que me hayan herido no significa que tenga que vivir herida». Eso es fácil de escribir. Difícil de vivir. Sin embargo, en ese momento, sin aliento de tanto bailar, ¡lo estaba logrando!

¿Qué tiene que ver esto con la reconstrucción de la confianza? Cuando rompen tu confianza, parte de lo que te parece tan increíblemente injusto y difícil de superar es lo mucho que te roba. La confianza rota disminuye las relaciones, las oportunidades, la sensación de libertad que una vez sentiste cuando las cosas parecían seguras. El escepticismo empieza a aparecer, no solo con la persona que ha roto tu confianza, sino también con otras personas. Ya hemos hablado de ello. No obstante, otra cosa que ocurre es que nos ponemos limitaciones a nosotras mismas como resultado de las acciones de otra persona.

No voy a imputarte esto a ti, pero para mí, la mayor limitación que me retenía después de experimentar grandes rupturas de la confianza era que me centraba tanto en lo que había perdido, que no veía lo que podía ganar. No sabía cómo avanzar conmigo misma. No sabía cómo reconstruir mis músculos de la resiliencia. No sabía cómo desvincularme del trauma. No quería que la traición y las mentiras que se habían dicho sobre mí en el pasado se convirtieran en cargas en mi futuro.

Ahora bien, ¿qué tiene que ver todo esto con la máquina de hielo que arreglé y con el desarrollo de mis músculos de la resiliencia? Un gran componente de mis problemas de confianza es el trauma que experimenté por la forma en que me engañaron y toda la manipulación y los encubrimientos creados por quienes me traicionaron. Como he dicho antes, siempre supe que algo no estaba bien. No obstante, cuando buscaba una explicación, me hacían sentir que yo era la loca. Resultaba muy chocante. Inquietante. Desorientador. Este tipo de engaño es abuso emocional. Sin embargo, yo no lo sabía. No me daba cuenta de todo el daño que me estaba causando. La historia que me repetía a mí misma era que algo andaba mal conmigo.

Tal vez para ti los problemas de confianza giren en torno a pequeños quebrantamientos de la confianza. Quizá descubriste que tu amiga ha estado chismorreando a tus espaldas. Es posible que un compañero de trabajo se haya atribuido el mérito de algo en lo que tú habías trabajado. Tal vez tu madre te dijo que estaba demasiado ocupada con el trabajo para ir a ver el recital de *ballet* de tu hija, pero te enteraste de que en realidad iba a un concierto con tu hermano.

No importa si el incidente que quebró tu confianza fue grande, como una traición, o más pequeño, la forma en que proceses estos acontecimientos afectará la manera en la que sigas adelante o no.

En mi caso, estaba demasiado insegura de lo que ocurría, así que me lo callé todo. Temía que involucrar a otros en mis sospechas solo pudiera dañar aún más algunas relaciones cada vez más frágiles y posiblemente quedar expuesta como la única que ya no estaba en sintonía con la realidad. ¿Y si acusaba a esa persona de mentir, pero luego, al involucrar a otros, el problema era realmente mío y no suyo? ¿Quién iba a querer ayudarme si yo era la loca y desconfiada que hacía acusaciones falsas?

Así que me callé. Y me hundí cada vez más en la desesperación.

Un terapeuta especializada en traumas afirmó: «El trauma no es un suceso que ocurre. Es cómo procesas dicho suceso».[1] Por lo tanto, si lo procesas de una forma sana, con un sistema de apoyo fuerte que te ayude a sanar y a ver la verdad con más claridad, los efectos duraderos no serán tan devastadores. No obstante, si no tienes esa ayuda mientras experimentas un acontecimiento traumático, puedes acabar sintiéndote atrapada en ese trauma.

Creo que el trauma se quedó conmigo porque guardé silencio sobre lo que estaba ocurriendo y no tuve a nadie con quien procesarlo o de quien recibir ayuda. La historia de la traición no fue solo un acontecimiento en mi vida. Se convirtió en la historia que arruinó mi vida. Cuando nuestro procesamiento de un hecho se limita a nuestra propia perspectiva, contaminada por el dolor, la conmoción y la angustia, es como intentar mirar a través de un cristal roto. La claridad no es un regalo que te pueda dar un cristal hecho añicos. Todo parece irregular, roto y peligroso.

Cuando sientes que no tienes voz ni apoyo ni protección ni claridad, la confianza rota se convierte en problemas de confianza. Las traiciones me sucedieron a mí. Pero los problemas de confianza estaban ocurriendo en mí. Nadie más podía cambiar mis circunstancias. Era yo quien tenía que tomar una decisión.

Relaciones nuevas, personas más seguras, circunstancias mejores y entornos más saludables podían contribuir a que siguiera adelante. Sin embargo, ¿y las partes de mi interior que estaban llenas de frustraciones latentes, se centraban en la injusticia y se obsesionaban con la horrible cadena de acontecimientos originados por las traiciones? Esas eran las partes que me hacían dar vueltas por la cocina con el puño apretado y la creencia limitada de que las máquinas de hielo rotas y los quebrantos en general eran solo mi problema en la vida.

Las traiciones me sucedieron a mí. Pero los problemas de confianza estaban ocurriendo en mí.

Sé que esto es mucho drama en torno a lo que debería haber sido un simple inconveniente cotidiano de un electrodoméstico que no funciona. ¿Pero no es aquí donde muchas de nosotras nos derrumbamos? Es esa última pequeña cosa rota, puesta encima de todo el peso del dolor que llevamos, lo que nos rompe por completo y nos hace derramar un torrente de lágrimas.

Descubrir cómo lidiar con estas cuestiones en mi interior me resultaba muy complicado y agotador. Además, sé que los traumas no resueltos atraen a otros traumas no resueltos. Nos atrae lo que nos es familiar. Y lo último que quería era sentirme atraída involuntariamente hacia personas que afrontan la vida utilizando tácticas engañosas. No quería otra relación en la que esto fuera así. Y más aún, no quería empezar a ser falsa como forma de protegerme a mí misma.

Necesitaba idear un plan. Y ese plan no podía ser tener a mi consejero disponible en marcación rápida las veinticuatro horas del día, los siete días de la semana, para siempre.

Ese momento en la cocina, cuando me rebelé contra lo que estaba roto y arreglé esa máquina de hielo, me enseñó algo importante. Y supe que este acto rebelde de resiliencia iba a ser una parte fundamental que me ayudaría a seguir adelante.

Si la forma en que procesé la traición fue parte de lo que me metió en este embrollo, entonces el reprocesamiento seguramente podría ayudarme a encontrar una manera de desatascarme y salir de este caos. Tres frases que me indicaban que estaba atascada eran *no puedo, no creo* y *no quiero*.

> No puedo *con esto*. No puedo *hacerlo*. No puedo *confiar en la gente*. No puedo *arreglarlo*. No puedo *cambiar*.
> No creo *que esto vaya a mejorar nunca*. No quiero *intentarlo*. No creo *que sea posible*. No creo *que Dios tenga un buen plan para mí*. No quiero *volver a tener esperanzas*.

Ahora, por favor, acércate. Si no nos ocupamos bien de esta clase de procesos rotos, nuestros *no puedo, no creo* y *no quiero* se convertirán en nuestras negativas futuras.

> No *lidiaré con esto*.
> No *lo haré*.
> No *confiaré en la gente*.
> No *lo arreglaré*.
> No *cambiaré*.
> No *mejoraré*.

No *lo intentaré*.

No *creeré*.

No *confiaré en que Dios tiene un buen plan*.

No *volveré a tener esperanza*.

Superar la traición y los problemas de confianza puede ser complicado. Llevará tiempo. Probablemente, más del que cualquiera de nosotras quisiera. No obstante, si estamos atentas a nuestros «no puedo», «no creo» y «no quiero», asegurándonos de que no se conviertan en «negativas futuras», podremos ver progresos significativos hoy mismo. A lo mejor intentas utilizar palabras nuevas como:

Estoy dispuesta a intentarlo.

Quizá pueda encontrar a alguien que me enseñe.

Esta es una oportunidad para ser valiente.

Puedo hacerlo.

O como yo:

Pero ¿y si pudiera?

A mi consejero le encanta recordarme que las palabras definen nuestra realidad. Si creemos que no podemos, lo más probable es que no lo hagamos.

Ahora, una última cosa. Esta revelación no se limitó a que yo arreglara la máquina de hielo. No, necesito prestar atención a los «no puedo», «no creo» y «no quiero» todos los días.

En ese mismo viaje, algunas amigas me acompañaron a la playa. Ann vino de Canadá, y Jessica viajó desde Tennessee. Ann y yo coincidíamos en nuestra definición de lo que significaba «ir a la playa con amigas». Se trataba de relajarse en las sillas de playa, leer, procesar la vida, comer bien y jugar a las cartas. A Jessica también le gustaban todas esas cosas. No obstante, para ella ir a la playa implicaba meterse en el océano.

Perdona, ¿qué? ¿Te refieres a esa gigantesca masa de agua que es tan bonita de ver, pero que también contiene medusas que pican, tiburones que atacan y rayas que atraviesan la carne?

Jess se estaba comportando como una chica muy graciosa, simulando que de verdad quería que Ann y yo arriesgáramos la vida mientras nos mojábamos el pelo y nos llenábamos el traje de baño de arena.

Sin embargo, ella hablaba en serio. Y por mucho que protestamos, se llevó tres tablas de *boogie* al mar. *Qué amable. Bien por ella por gastar tanta energía.*

Cuando llegamos cerca del agua, Jessica no dijo ni una sola palabra. Se limitó a poner las tablas de *boogie* cerca de nuestros pies y a saltar hacia las olas.

«No me gusta meterme en el océano», murmuré en voz baja.

En cuanto me oí decir «no», puse los ojos en blanco. Solté un gran suspiro y me deshice de las protestas de todas las células de mi cuerpo que me decían que desistiera, me quedara inmóvil y volviera a sentarme en ese mismo instante. Agarré la tabla de *boogie* y salí corriendo y saltando hacia la espuma blanca que venía a mí con más fuerza de la que esperaba. No fue nada elegante, ya que el agua me retorcía el cuerpo hacia los lados y me bajaba la parte inferior del traje de baño. En medio de la locura de intentar no mostrarle mis partes íntimas al mundo, empecé a reírme más fuerte de lo que había reído en mucho tiempo. Me quedé en el agua, jugué, salté y me divertí como nunca. ¡Lo mejor de todo es que no me morí! Pero seguro que viví esos momentos de mi vida al máximo.

Fue otro paso, o quizá un salto, hacia adelante.

Por favor, inténtalo. No tienes que arreglar una máquina de hacer hielo ni meterte en el océano, pero no te pierdas la oportunidad de superar un «no puedo», un «no creo» o un «no quiero» en este día. Hoy verás progresos. Hoy desarrollarás tus músculos de la resiliencia. Y con el tiempo, mientras más capaz te sientas, más empoderada estarás. Mientras más fortalecida te sientas, más volverás a confiar en tu propio discernimiento. Mientras más confíes en tu propio discernimiento, menos temerás el riesgo de invitar a las personas imperfectas adecuadas. Menos te resistirás a intentar reconstruir, redescubrir y rehacer tu vida, que tanto merece la pena vivirse. Vivirse de verdad. No solo sobreviviendo a duras penas, sino teniendo una vida mejor de la que has tenido.

¿Cómo lo sé? Porque estamos creciendo. Y crecer significa que estamos viviendo. Y vivir significa que hay más cosas buenas en las que Dios quiere que participemos. Seguir buscando relaciones es arriesgado. Sin embargo, el riesgo mayor y más trágico es encerrarnos en nosotras mismas y rendirnos.

Las personas que me han hecho daño no pueden obligarme a rendirme. Esa es mi elección. Tampoco pueden hacer que tú te rindas. Esa es tu elección.

Así que elijo las máquinas de hielo, los océanos y la vida.

Algo más que quiero que sepas

Ser valiente no siempre es algo que se siente. Es algo que se hace.

Se hace a pesar del miedo, los resultados desconocidos y los riesgos que no quieres correr.

Eres valiente cuando el enemigo te mira fijamente con declaraciones burlonas de derrota. No lo haces para demostrar que hay algo grande dentro de ti. Lo haces porque si no, algo morirá en tu interior.

Haces cosas valientes porque es hora de levantarte y hablar y dejar que la verdad encuentre su libertad con tu voz.

Ser valiente no siempre es algo que se *siente*. Es algo que se *hace*.

Lo que pasó estuvo mal. Reconócelo. Háblalo. Llora por ello. Pero no mueras por ello. Te han herido, pero no tienes que vivir herida.

Haces cosas valientes porque fuiste creada para relacionarte. No con toda la gente, sino con las personas correctas. Asume los riesgos adecuados. Tómatelo con calma. Pero no te detengas. No te aísles. No desaparezcas.

Haces cosas valientes porque eres una mujer que puede arrodillarse con humildad y levantarse intencionadamente. Encontrarás gente buena, y la gente buena te encontrará a ti. Y harás cosas valientes hasta que te vuelvas valiente. Volverás a conocer el amor. Conocerás de nuevo la risa. Y sabrás, en lo más profundo de tu ser, que no desperdiciarás todo lo que has aprendido. Esas lágrimas derramadas, cada una de ellas, te ayudaron a dejar ir el dolor para dar lugar a nuevas posibilidades.

Tu vida no es una tragedia. Es un testimonio de que Dios es tu Roca y tu Redentor. Y si te tiemblan las manos, que sea solo porque estás señalando al diablo, que esta vez eligió a la chica equivocada con quien meterse.

No esperes a sentirte valiente. Sé valiente. Recuerda: si Dios está de tu parte, quién puede estar contra ti (Romanos 8:31).

Recuerda:

o Intentar cosas nuevas con pequeños actos de resiliencia es una prueba tangible de sanación, crecimiento y avance.

o Si creemos que no podemos, lo más probable es que no lo hagamos.

o Las traiciones me sucedieron a mí. Pero los problemas de confianza estaban ocurriendo en mí

- Seguir buscando relaciones es arriesgado. Sin embargo, el riesgo mayor y más trágico es encerrarnos en nosotras mismas y rendirnos.
- Ser valiente no siempre es algo que se siente. Es algo que se hace.

Recibe:

«¿Qué diremos frente a esto? Si Dios está de nuestra parte, ¿quién puede estar en contra nuestra?». (Romanos 8:31)

Reflexiona:

- ¿Cuáles son algunos pequeños actos de resiliencia que te han hecho sentir fuerte y valiente recientemente?
- ¿Con cuáles afirmaciones del tipo «no quiero», «no creo» y «no puedo» podrías empezar a trabajar hoy mismo con el fin de superarlas?

Ora:

Padre celestial:

Algunos de los océanos que veo frente a mí me parecen peligrosos y demasiado arriesgados para comprenderlos, y mucho menos para adentrarme en ellos de puntillas. Sin embargo, sé que tú me ofreces oportunidades en las que puedo practicar pequeños actos de resiliencia con tu mirada amorosa y protectora sobre mí. Ayúdame a hacer cosas buenas y valientes, especialmente en las temporadas en las que no me siento valiente en absoluto.

En el nombre de Jesús, amén.

Capítulo 10

El secreto de la verdadera sanidad

•

Si alguna vez te digo que he ido de excursión, no quiero que te imagines una caminata por una pendiente pronunciada, sudando y tosiendo hasta sentir que se te salen los pulmones. Algunas personas le llaman a eso diversión. Este no es mi caso. He hecho ese tipo de caminatas ridículas cuando las amigas que me convencieron me aseguraron que no eran «tan difíciles». Y comentaron: «Llegarás a la cima muy rápido y el paisaje vale la pena». Y añadieron: «Oh, no, definitivamente no hay osos». Mentirosas, mentirosas, no les creo. El paisaje era realmente hermoso, pero hay excursiones menos arriesgadas y más razonables que son más como un agradable paseo por el bosque, donde también descubrirás cosas hermosas.

En eso estaba cuando vi una pequeña placa que señalaba un árbol caído. Pensé que el árbol estaba muerto. El cartel colocado delante decía: «El roble resiliente. La tormenta que derribó este árbol no impidió que protegiera tanto al bosque como a la comunidad isleña con su frondosa copa».

¡Qué hermoso legado para un árbol! Me encantó. Aunque la tormenta lo había derribado, el árbol seguía ayudando a proteger a la comunidad.

Sin embargo, al seguir mirando, comprendí mejor su nombre. El árbol no estaba muerto. Aunque las grandes raíces fueron arrancadas con un montón de tierra todavía adherido, de alguna manera, parte del tronco del árbol que tocaba el suelo echó raíces nuevas donde cayó. Y la parte superior del árbol sigue floreciendo hasta el día de hoy.

Mientras contemplaba el árbol, la imagen de resiliencia que este representaba me habló personalmente. Cuando nuestra confianza se rompe de una forma importante, podemos sentirnos como si estuviéramos en medio de una tormenta feroz y poderosa. Me encantaría decir que en mi situación estaba tan firmemente plantada con raíces tan profundas, que la ruptura de la confianza me dobló, pero no me quebró.

Sin embargo, eso no es cierto.

Los vientos huracanados continuaron azotando mi vida durante tantos años que acabaron por derribarme. Recuerda, mi confianza no solo se rompió en una relación significativa; esto parecía seguir sucediendo en formas grandes y pequeñas una y otra vez. Recuerdo que les decía a mis amigas que había caído tan bajo que me sentía como si estuviera lamiendo el suelo del infierno. No sabía cómo volver a levantarme.

Los días se convirtieron en semanas, y luego las semanas se convirtieron en meses de una angustia y un sufrimiento tan profundos que apenas tenía energía para hacer nada más que sobrevivir. Hacía lo que tenía que hacer con mis hijos y mi trabajo, pero algo dentro de mí se sentía muerto, entumecido e indiferente. No quería que esa parte de mí volviera a cobrar vida, porque si me permitía sentir algo, el dolor intenso estaría esperando allí mismo para destrozarme. No tener sentimientos me parecía mejor que abrirme a esa sensación.

Con el tiempo, el entumecimiento desapareció y apareció la soledad extrema. Ya no podía reprimirme y limitarme a sobrevivir. El dolor me exigía que me enfrentara a la desgarradura que llevaba dentro.

No sabía cómo obligar a esa parte de mí tan abatida y quebrantada a levantarse de nuevo, replantar mis raíces e intentar ser como era antes. Este trauma había cambiado muchas cosas de mi vida. Y, sinceramente, yo había cambiado. Me sentía dañada, rota y recompuesta, pero no para mejor.

Sin embargo, mientras miraba fijamente el lugar donde el árbol caído había echado raíces nuevas, descubrí que era uno de los árboles más hermosos que había visto jamás. Había muchos robles enormes en este sendero, pero ninguno me hablaba como este. Su mensaje de resiliencia era tan inspirador que me quedé allí largo rato, admirando y honrando lo que el árbol había hecho.

Me pareció interesante que el árbol caído no se hubiera separado de las raíces viejas. Todavía se podían ver levantadas, sobresaliendo del suelo. Así que el árbol no había perdido lo que una vez fue, pero había ganado vida nueva echando raíces nuevas. Esto no sucedió de la noche a la mañana. No obstante, sucedió. Su aspecto era muy diferente al que tenía antes, pero era una diferencia buena. Antes, parecía un gran árbol. Ahora, no solo era un árbol; este era un árbol con un mensaje que inspiraba a todos los que lo veían.

Quizá el secreto para sanar de verdad sea cambiar el objetivo final. En vez de esperar que el trabajo de sanidad me llevara de nuevo a ser como era antes, podía dejar que me convirtiera en una versión más saludable de mí misma. En lugar de centrarme en todo lo que me quitaron, tal vez podía enfocarme en lo que esta nueva temporada podría darme. Y lo mejor de todo, quizá, como el árbol, una de las mejores cosas que podría ganar en este proceso era una historia para ayudar a otras personas a través de las temporadas atemorizantes de ser traicionadas por amigos y seres queridos.

Nunca quise que la historia de mi vida fuera la de ser una maestra de la Biblia divorciada. Nunca quise perder a los amigos que he perdido. Nunca quise que la gente me juzgara, me ridiculizara, inventara historias sobre mí o me rechazara, como si el divorcio fuera una lepra

En lugar de centrarme en todo lo que *me quitaron*, tal vez podía enfocarme en lo que esta nueva temporada *podría darme*.

emocional. Sin embargo, mientras miraba aquel árbol, pensé: *Es posible que me hayan derribado. Pero aceptaré lo ocurrido, echaré nuevas raíces y convertiré lo que está roto en algo hermoso.* Y fue entonces cuando me di cuenta del verdadero antídoto para los problemas de confianza. No es elegir perfectamente a las personas adecuadas. No es detectar cada rasgadura y asegurarse de que se repare a la perfección. La verdadera solución es aceptar que la confianza nunca es una garantía con los seres humanos. Algunas relaciones nos harán daño. Otras nos ayudarán a sanar. No obstante, si anclamos nuestra esperanza en el Señor, los riesgos de la confianza serán mucho menos aterradores a medida que desarrollemos los músculos de la resiliencia.

La mujer que prospera en la vida no es aquella a la que nunca le rompen el corazón, sino la que planta su quebranto en la tierra fértil de su fe en Dios y espera con expectativa a ver qué cosa buena él hará crecer a partir de ahora. Salmos 1:3 nos dice: «Es como el árbol plantado a la orilla de un río que, cuando llega su tiempo, da fruto y sus hojas jamás se marchitan. Todo cuanto hace prospera». Nada de lo que pongamos en las manos de Dios será en vano.

No te asustes por las tormentas que destrozan tu confianza. Porque, ¿sabes qué es más poderoso que las tormentas destructivas? La persona que se vuelve a levantar a partir de lo que intentó derribarla. Esa es una mujer de Dios. Y no está aquí para caerse y quedarse derribada. *Oye, diablo, tú te metes con ella y Dios va a usar su testimonio para meterse contigo y derribarte.*

Amiga, eres más fuerte de lo que crees. Eres más sabia de lo que piensas. Hoy estás más viva que nunca. Ahora, atrévete a confiar de nuevo. Hazlo con cuidado y entrega tu confianza con sabiduría. Sin embargo, no te presiones para que esta confianza sea perfecta. Dios estará a tu lado. Y como hemos aprendido juntas, nadie es más poderoso que Dios.

Algunas de las personas a tu alrededor serán dignas de confianza y otras no. Pero tú, querida amiga, ya estás bien preparada para hacer lo mejor que puedas y seguir caminando. Y la próxima vez que nos encontremos, espero que ambas tengamos historias de relaciones con seres queridos que sean seguras, saludables y mucho más pacíficas. Y que seamos capaces de decirles con sabiduría y confianza a las personas adecuadas: «Quiero confiar en ti y ahora puedo hacerlo».

Algo más que quiero que sepas

¿Cómo es sanar y volver a confiar?

> Es llorar.
> Afrontar los miedos.
> Arrastrarme a la cama.
> Cubrirme la cabeza.
> Es tiempo.
> Admitir que no estoy bien.
> No aún y no sé cuándo.
> Querer rendirme,
> pero sin rendirme.
> Es como una lucha.
> La mirada perdida a medianoche.
> Una cama fría.
> Pensamientos confusos.
> Emociones entumecidas y desenfrenadas a la vez.
> Es decidir vivir.
> Negarme a ceder a la derrota.
> No es una lista de comprobación,
> o un puño cerrado,
> o un intento de apenas existir.
> No, sanar es vivir.

Son actos rebeldes de resistencia.
Es perseguir el sol.
Redescubrir la diversión.
Es volver a levantarme
tal vez arañando las paredes
con todas mis fuerzas
hasta lograrlo.
Negarse a albergar la duda que derrota.
Es procesar por lo que estoy atravesando.
Y cuando alguien rompe mi confianza,
no voy a dejar que me quebrante.
Es aconsejar y reflexionar.
Es estar bien con el silencio,
y luego bailar muy fuerte.
Es levantar la cabeza con orgullo.
Postrarme ante Dios en humildad.
Y por último, es saber que estaré bien.
Mejor que bien.
Tal vez mejor que nunca.
Definitivamente, mejor que nunca.

Recuerda:

- En lugar de centrarme en todo lo que me quitaron, tal vez podría enfocarme en lo que esta temporada nueva podría darme.
- Nada de lo que pongamos en las manos de Dios será en vano.
- Eres más fuerte de lo que crees. Eres más sabia de lo que piensas. Hoy estás más viva que nunca.

Recibe:

«Es como el árbol plantado a la orilla de un río
que, cuando llega su tiempo, da fruto
y sus hojas jamás se marchitan.
Todo cuanto hace prospera». (Salmos 1:3)

Reflexiona:

○ Después de leer la historia del roble caído, ¿de qué
manera te sentiste inspirada a notar las raíces nuevas
que has estado desarrollando últimamente o a echar
raíces nuevas a partir de ahora?

○ ¿Qué fue lo más alentador de este capítulo para ti?
¿Qué lo hizo tan significativo?

Ora:

Padre celestial:

Tú has sido muy fiel conmigo y has estado presente mientras me tomaba el tiempo para aprender más sobre la confianza en mis relaciones contigo y las personas que forman parte de mi vida. Nunca me has abandonado, y por eso te doy las gracias. Ayúdame a interiorizar lo que he aprendido y a ponerlo en práctica con mucha oración y sabiduría. Muéstrame el camino a seguir. Confío plenamente en que tú serás mi guía y mi ayuda constante.

En el nombre de Jesús, amén.

Conclusión

Algo más que Dios quería que supiera

.

Lo que estás a punto de leer es una entrada de un blog que publiqué quince años antes de escribir este libro. Sin embargo, no lo recordaba hasta que alguien lo encontró hace poco y me lo trajo. Al leerlo, me quedé con la boca abierta y empecé a sacudir la cabeza.

Si leíste mi libro *Límites saludables, despedidas necesarias*, sabrás que este terminaba con una amiga encontrando la Biblia de mi infancia e ingeniándolas para hacérmela llegar, a pesar de que hacía más de treinta años que no nos veíamos. Dentro de la Biblia había un mensaje que yo había escrito cuando era adolescente y era exactamente lo que necesitaba leer el día que me la devolvieron. Fue la última confirmación de que estaba haciendo lo correcto con una de las decisiones más difíciles de mi vida.

Y ahora, mientras concluyo este libro, he aquí otra nota de mi yo del pasado.

Si esto parece una locura, estoy de acuerdo. ¿Pero no es propio de Dios usar algo tan inesperado?

Por Lysa. Escrito en el año 2009.

Tengo una amiga cuya vida solía ser como una preciada carta de amor. Cada día, ella abría el papel bien plegado y vivía la dulce familiaridad con gran alegría.

Su vida estaba llena de amor, propósito, tradición, estabilidad, respeto y fe. Día tras día, capa tras capa, su legado decoraba los bordes de su carta de amor con trazos de belleza constante.

Entonces, un día terrible, se despertó y descubrió que alguien en quien confiaba mucho, a sabiendas y voluntariamente, había roto su carta de amor por la mitad. Eso la hizo sentir conmocionada y dolida, así que le pidió a esa persona que la volviera a pegar con cinta adhesiva.

Aunque la carta nunca volvería a tener el mismo aspecto, con el tiempo un corazón dispuesto a perdonar y unos ojos llenos de gracia le permitieron volver a verla como algo hermoso. Su pequeña carta había sufrido mucho, pero por extraño que parezca, ya no parecía tan frágil como años atrás. El papel parecía más resistente que nunca. Y descubrió que hasta de las lágrimas y los desgarrones de la vida podía salir algo bueno.

Los días de sanidad se convirtieron en años, y pronto la cicatriz del papel se desvaneció tanto que apenas se podía decir que se había rasgado.

Había alegría. Pero luego volvió la tristeza.

Una mañana, se despertó y descubrió que su carta había desaparecido. Frenética y desesperada, abrió la puerta de su casa, jadeando. Y allí, para su gran horror, vio trozos de su carta arremolinándose y siendo arrastrados por el viento. Su carta, su vida, todo lo valioso y aparentemente protegido, nunca volverían a ser lo mismo.

Esta vez no solo estaba desgastada y rasgada. Estaba destrozada sin remedio. Ella se desmoronó en un mar de lágrimas. Se sintió abrumada por una pena jamás conocida. Se fue a la cama y pensó que se quedaría allí para siempre.

Los días se volvieron oscuros de repente. Las noches eran demasiado largas. Las horas parecían arrastrarse en lapsos tortuosos. Cada minuto resultaba tan doloroso que se preguntaba cuánto tiempo más su corazón podría seguir con su ritmo latido a latido.

Hasta que un día decidió levantarse de la cama. Tal vez fue la añoranza de su antigua carta. Tal vez fue una ilusión. O quizás fue la forma más pura de esperanza. Ella se paseó entre los pedazos de la carta de su vida. Los bordes desgarrados de cada trozo hablaban en voz alta del estado de las circunstancias de las que no podía escapar. Sin embargo, mirando más de cerca, descubrió algo maravilloso. Aunque la carta rota no podía leerse en frases y párrafos, las palabras individuales seguían siendo claras.

Trozo a trozo, recogió los fragmentos de papel y los leyó, una palabra a la vez. Muchas de las palabras eran gloriosas. Absolutamente gloriosas. Su vida seguía allí.

Y aunque la carta nunca se leería exactamente igual, por primera vez en mucho tiempo vio la belleza. Juntando las piezas, comenzó a alinearlas en filas. Palabras viejas, frases nuevas.

La carta de su vida adquirió un nuevo significado. Toda la verdad que parecía haberse hecho trizas con la antigua carta seguía allí.

La verdad seguía significando veracidad. Llena de verdad.

La gracia seguía significando favor. Llena de gracia.

La alegría seguía significando júbilo. Llena de alegría.

Y la belleza seguía significando hermosura. Llena de belleza.

Eso era exactamente lo que Dios le susurraba, pero ella no podía entender cómo algo tan roto podía volver a estar completo.

A veces, estar completo no significa volver a estarlo de la manera correcta. Porque si alguien descubre la plenitud dentro de cada pieza rota, cada parte adquiere su propia integridad.

Así que, por primera vez en mucho tiempo, sonrió. Y aunque nunca pensó que podría ser feliz con una carta leída por partes, palabra por palabra, encontró la plenitud en cada palabra y redescubrió su vida.

Cerró todas las puertas de su antigua vida, recogió sus pedazos y siguió caminando en total plenitud.

Así es como transcurrió mi vida. No recuerdo quién pudo haber inspirado esta historia. ¿Hubo alguna amiga? ¿O simplemente me tomé libertades creativas para escribir algo desde lo profundo de mi corazón que tenía que expresar?

¿Cómo pude escribir algo hace tanto tiempo que parece presagiar lo que nunca imaginé que viviría? ¿Lo sabía algún lugar profundo de mi alma? ¿O Dios en su misericordia tomó mis manos y suavemente guio mis dedos para escribir esta visión llena de profunda esperanza?

La otra cosa que me asombra es la cantidad de palabras que coinciden con las que he escrito en este libro. Frases como: «Se despertó y descubrió que alguien en quien confiaba mucho, a sabiendas y voluntariamente... la hizo sentir conmocionada y dolida». Además, se mencionan «lágrimas» y «desgarrones», y «tristeza» y «alegría». También que «se fue a la cama y pensó que se quedaría allí para siempre». Aunque la redacción no es exactamente la misma, es demasiado parecida para ser coincidencia. Y luego, el final... solo Dios podría haber planeado el final.

Dios se aseguró de que yo viera esto. Y estoy segura de que me lo mostró intencionalmente antes de que escribiera estas últimas palabras en el libro, porque él quería que tú también lo vieras.

Él es digno de confianza. Conoce nuestra historia de principio a fin. Sabe exactamente dónde estamos hoy. Él está contigo. Y donde Dios está, todas las cosas cooperan para nuestro bien. Aférrate fuerte a él. Y sigue adelante, amiga. Hay un gran mundo allí afuera. Nuevas alegrías que no quiero que te pierdas. Hermosos paisajes por descubrir. Y muchas razones para reír y sonreír y disfrutar de las personas que amas.

Mi viaje ha pasado del dolor a demostrarme a mí misma que aún puedo amar mi vida y ser lo suficientemente valiente como para volver a confiar. Estoy agradecida. Me siento más completa. Me encuentro lista para entrar en la próxima temporada con una sonrisa. Y cuando llore, lo veré como mi forma de reconocer que hubo ayeres que realmente amé.

Puedo al mismo tiempo honrar algunos de los buenos recuerdos del pasado mientras camino hacia un futuro desconocido, pero lleno de esperanza. Como escribí en la entrada de mi blog, «palabras viejas, frases nuevas». La carta de mi vida realmente ha cobrado un nuevo significado. Lo que amenazaba con destruirme solo sirvió para volverme más decidida. Viviré esta vida que Dios me confió con integridad, gratitud y asombro. Y confío en que tú también lo harás.

Noticias de Lysa

·

El tema de la confianza ha sido muy personal para mí, especialmente durante los dos años que me llevó investigar y escribir este libro. Como sabes, he experimentado muchos cambios inesperados en mi vida durante la última década. El más significativo fue el trauma de la traición y la ruptura de mi matrimonio tras años de trabajo infructuoso. Sin embargo, hubo otras relaciones en las que la confianza se quebró profundamente. Algunas de ellas sobrevivieron gracias a un trabajo de reparación intencional, tanto por mi parte como por la de estas personas. Otras relaciones no sobrevivieron, lo que agravó mi dolor.

En medio de todo esto, tuve momentos en los que luché profundamente porque no entendía lo que Dios estaba permitiendo. Hubo instantes en los que me sentí traicionada por Dios. Pero también hubo ocasiones en las que me sentí más cerca de él que nunca.

Lo irónico de mi vida en constante cambio es que me gusta la estabilidad. Me gusta la sensación de llevar la vida a buen puerto y mantenerla en paz. Y sin embargo, la forma en que se ha desarrollado mi historia no ha sido en absoluto predecible.

Escribí este libro cuando estaba atravesando muchos cambios en mi vida y aprendiendo a confiar de nuevo. Y quería ser auténtica con el proceso que estaba viviendo. Así que la forma en que experimentaste este libro como lectora es la manera en que yo viví todo en tiempo real como escritora. Realmente, no sabía si volvería a salir con alguien, si volvería a creer en alguien o si volvería a amar, y te invité a participar conmigo en esa lucha.

No obstante, ha habido un capítulo nuevo y hermoso en mi historia que también quiero compartir contigo. Después de permanecer soltera durante varios años, Dios trajo a mi vida a un hombre increíble llamado Chaz, y supimos que lo que habíamos encontrado el uno en el otro era amor. Este es un amor hermoso que requiere trabajo, como siempre lo requiere el amor. Y es también una unión segura, honesta, divertida y entregada a la forma sagrada en la que el Señor nos dice que nos amemos y cuidemos el uno al otro. Me he referido a Chaz unas cuantas veces a lo largo de estas páginas como alguien con quien estaba saliendo, pero ahora tengo el gran honor de llamarlo mi esposo.

Como siempre, quiero ser honesta contigo. Aunque soy increíblemente feliz y estoy muy agradecida por Chaz, mi situación no se ha cerrado con un lazo prolijo y bonito. Todavía estoy marcada por el profundo dolor de la confianza rota. A veces, sigo luchando contra los desencadenantes y los miedos. Pero incluso con todas estas realidades, soy la prueba viviente de que es posible experimentar una sanidad profunda, volver a confiar... volver a amar... creer que Dios tiene planes buenos y que su fidelidad hacia nosotras nunca cambia.

Capítulo extra

Cuando la organización que debió ayudarme acabó perjudicándome

•

«¿Pero tienes moretones? ¿O incluso una foto de alguna ocasión en la que las acciones de esta persona te hayan causado moretones?». No podía creer lo que estaba escuchando en esta llamada telefónica con una amiga del ministerio que conocía desde hacía mucho tiempo. Quería enviarle una foto de la operación que me habían hecho el año anterior.

Me obligaba a mirar esa foto cuando en mi mente se repetía la pregunta: *¿Estoy loca?* Cuando las pruebas de una traición continua seguían saliendo a la superficie, pero mis preguntas se topaban con acusaciones de que estaba viendo cosas o incluso inventándomelas, ocultar mis inquietudes me parecía la única opción. Hasta que un día, creo que me reprimí demasiado. El desgaste físico causado por el trauma emocional fue enorme. Mi colon se retorció sobre sí mismo, cortando el flujo sanguíneo, y como resultado tuvieron que extirparme una gran parte de este. El médico me enseñó una foto del aspecto de mis entrañas y me preguntó: «¿Qué te sucedió? La forma en que tus entrañas se han retorcido y desplazado hace que parezca que has tenido un accidente de auto grave, pero me estás diciendo que no fue así».

Negué con la cabeza. «No fue un accidente», respondí. Y sentí la boca extrañamente rígida y seca. Miré la foto de mi operación y luego al médico. No sé por qué sentía que no podía decírselo. Tenía delante a un hombre que acababa de salvarme la vida en una cirugía, y yo solo permanecía allí paralizada.

Me quedé con la foto. Era un recordatorio de que no estoy loca.

Me imaginé a mí misma diciéndole a mi amiga por teléfono: *No, no tengo fotos de moretones, pero tengo una cicatriz enorme que me recorre de cadera a cadera y luego verticalmente hasta la mitad de la cintura. Y tengo una foto de las repercusiones físicas de un trauma emocional grave. Casi me muero. ¿Eso cuenta?*

Sin embargo, no pude pronunciar esas palabras antes de que me siguiera haciendo preguntas. «Quiero decir, seguro que sabes que una relación no se rompe así como así. ¿Hubo momentos en los que instigaste algo de esto porque estabas siendo irrespetuosa? ¿Y si te propones volver a casa y quererlo mejor, edificarlo con tus palabras y tener más sexo? Creo que hay cosas que podrías hacer mejor».

Me mordí el labio inferior con fuerza. El corazón me latía como si estuviera corriendo una maratón, aunque estaba completamente inmóvil. De hecho, tan inmóvil que ni siquiera podía pestañear.

Durante años había invertido mi corazón y mi tiempo en ayudar a esta señora a alcanzar sus objetivos ministeriales. Había contribuido, servido e invertido en su organización. Nunca pensé que me debiera nada a cambio. No obstante, seguramente nuestra relación significaba más para ella de lo que ahora reflejaban sus palabras y su tono.

Presioné las comisuras interiores de mis ojos con los dedos. No quería que se me saltaran las lágrimas.

Antes de llamarla por teléfono, ya sabía que la conversación iba a ser difícil. Me había enviado un correo electrónico informándome que su organización planeaba promocionar un retiro matrimonial utilizando mi matrimonio fallido como ejemplo.

Inmediatamente solicité una llamada telefónica. Ella siguió insistiendo con las preguntas sobre los moretones. Me dio la impresión de que si hubiera habido maltrato físico, entonces reconsiderarían la publicación de los anuncios. En otras palabras, el maltrato físico era la única forma que tenía de concederme el beneficio de la duda y legitimar la separación y el divorcio en trámite. Por favor, escúchenme: el maltrato físico es horrible. Resulta inexcusable y perjudicial en muchos niveles. Pero el abuso emocional también lo es. Por desgracia, como ya hemos dicho, no siempre se reconoce.

La líder con la que hablaba nunca había atravesado una situación similar a la mía. Ella y su marido parecían felizmente casados. Toda su carrera ministerial se había centrado en ayudar a las personas a trabajar en sus matrimonios y mantener unidas a sus familias. Y la verdad era que ella y su organización habían ayudado a salvar a muchos matrimonios después de que las parejas asistieran a sus retiros, leyeran sus libros y completaran sus estudios bíblicos.

Siempre pensé que el trabajo de su ministerio era bueno y honorable. Había respetado tanto a ella como a su organización durante años. Confiaba en ellos. Y supuse que serían un lugar seguro al que acudir en busca de ayuda en estos momentos de conmoción y angustia.

Sin embargo, me equivoqué.

Peor aún, esta ruptura de la confianza no era solo con mi amiga al teléfono. Era con toda una organización. Por lo tanto, se sentía mucho más grande, de alguna manera mucho más pesada también. Eso es parte de lo que resulta tan frustrante en el caso de las heridas causadas por las organizaciones. Las empresas, las iglesias, los ministerios y las escuelas están integrados por personas. A veces, es solo una persona la que nos hace daño. No obstante, muchas veces esa persona no actúa sola, lo que puede hacer que parezca que toda la organización está de repente en tu contra o al menos apoyando al liderazgo que está tomando decisiones hirientes.

Ella era la mensajera, pero no actuaba sola. Imaginé que había otras personas sentadas en aquella reunión de publicidad, ideando el eslogan sobre mi fracaso matrimonial. Aunque solo fueran unas pocas personas, en ese momento mientras hablábamos ella parecía contar con el apoyo de toda su gente, y yo me sentía muy pequeña y sola. Sentía como si un ejército enorme viniera contra mí. Eso es parte de lo que hace que el dolor provocado por las organizaciones sea tan traumatizante. El poder de una fuerza colectiva que venía contra mi frágil corazón se sentía desprovisto de compasión humana.

Era como si hubiera una especie de ceguera colectiva que le impedía a todo un grupo de personas, que parecían tan dignas de confianza y firmes, ver cuán crueles se estaban volviendo sus acciones. Supongo que cuando decidí que ya no me callaría lo que estaba viviendo en mi matrimonio, temieron que eso los hiciera quedar mal, ya que la gente sabía que habíamos asistido a sus eventos y utilizado sus recursos.

En esa llamada no se habló ni una sola vez de las acciones de quien pronto sería mi exmarido. En ningún momento me preguntaron qué podían hacer para ayudarme. Ni siquiera reconocieron haber actuado mal ni se disculparon.

Ahora bien, por favor, préstame atención: estás leyendo mi versión de los hechos sin la perspectiva de nadie de dicha organización. Ellos cometieron un error con esta situación, pero para ser justa, probablemente tomaron miles de otras buenas decisiones a lo largo de los años. Además, por favor, no te distraigas intentando atribuirles lo que me ocurrió a organizaciones que crees que pueden ser responsables. He cambiado algunos detalles para que nos enfoquemos en reconocer lo que puede ocurrir en grupos más grandes. Mi intención no es echarle leña al fuego con respecto al daño organizativo que probablemente todas hemos experimentado antes. Sé que es probable que traigas a estas páginas tu propia angustia, confusión y preguntas. No obstante, también sé lo tentador que es querer enfurecerse y salir a la carga para exigir que se corrijan los errores. Lo comprendo. Pero no queremos abordar el pecado de manera que nos conduzca a pecar.

Mi intención es reconocer la desilusión profunda que puede

producirse cuando los líderes en los que confiamos nos fallan y preguntarnos: *¿Cómo puedo procesar mejor esta situación?* No quiero estar resentida y llevar el dolor que he experimentado aquí a otros lugares. No quiero atribuir esta desconfianza a otros que no la merecen.

Al mismo tiempo, no quiero tener miedo de abordar algunos de los problemas del sistema de los que soy consciente. Por ejemplo, esta organización a la que me enfrenté no es el único lugar en el que se mostraron reticentes a reconocer que el abuso emocional es grave y que debe tenerse en cuenta a la hora de dar consejos. Es posible que pienses lo mismo con respecto a algunos de los temas que te preocupan.

No queremos abordar el pecado de manera que nos conduzca a pecar.

Hoy en día apenas puedo mantener una conversación con alguien sin que salga a relucir el tema de lo difícil que es confiar en las organizaciones. Los empleados están desilusionados con sus empresas. El dolor ocasionado por la iglesia parece estar en su punto más alto. Las donaciones benéficas parecen arriesgadas, porque no estamos seguros de cómo se utilizará realmente el dinero. Nos preguntamos por las intenciones ocultas de las personas influyentes. ¿Les gusta en realidad el producto que promocionan? ¿Los políticos piensan realmente en luchar por ayudar a la gente una vez que sean elegidos? ¿En verdad ese líder que enseña sobre la integridad vive de acuerdo con el mismo estándar al que llama a los demás? ¿A la persona fundadora de la organización ciertamente le importa la causa que promueve o solo está creando una plataforma para beneficiarse a sí misma? ¿En serio mi jefe quiere que progrese en mi carrera o esto simplemente es una promesa vacía para que me esfuerce al máximo en beneficio de sus intereses?

No lo sé. Lo más probable es que, en la mayoría de las situaciones, a medida que se van quitando las capas de la motivación humana, esto nunca resulte tan claro como quisiéramos.

E incluso si fuéramos capaces de diseccionar las motivaciones de los demás, probablemente nos resultaría difícil determinar dónde acaba el bien y dónde empieza el razonamiento egoísta. Sus acciones pueden ser una mezcla revuelta de falta de conciencia y perspectivas sesgadas. Tal vez habría algo de autoprotección mezclado con ambición egoísta. Y puede que siga habiendo buenas intenciones. No obstante, cuando miramos algo a través de la lente de nuestro propio dolor, lo más probable es que estemos bastante ciegas para ver lo bueno que todavía queda ahí.

Podríamos pasarnos la vida intentando averiguar por qué las personas y las organizaciones hicieron lo que hicieron. O por qué siguen haciendo lo que hacen. Pero, sinceramente, ¿de qué serviría señalar cuál creemos que es el motivo de sus acciones?

Si nos han herido, no vamos a estar de acuerdo con sus razones.

El dolor organizativo es real. Y puede avivar las llamas de la desconfianza dentro de nosotras de una manera tan intensa que pongamos en tela de juicio todas las demás áreas de nuestra vida. Es posible que nos haga querer abandonar la carrera que una vez amamos, dejar de ir a la iglesia, distanciarnos de las causas en las que una vez creímos, negarnos a votar, renunciar a dar y empezar a hacer suposiciones negativas sobre las personas que siguen participando en las organizaciones que nos causaron dolor.

Llega un momento en el que lo que más nos duele ya no solo es lo que pasó. Es la historia que nos contamos sobre lo ocurrido y las renuncias que hacemos después. Rompieron nuestra confianza. Sin embargo, no tienen el poder de quebrarnos a menos que decidamos que no podemos seguir adelante.

¿Puedo hacer una confesión triste que realmente no quiero hacer? Lo que la organización me hizo en este caso palideció en comparación con el daño que me hice a mí misma.

Reproduje la conversación docenas y docenas de veces en mi cabeza. Me sentía increíblemente justificada diciéndome una y otra vez lo terribles personas que eran. Me imaginaba devolviéndoles la llamada, viviendo un momento épico de satisfacción cuando encontraba las palabras justas para abrirles los ojos ante su conducta equivocada, y escucharlas finalmente reconocer lo erradas que estaban. Me las imaginaba experimentando el mismo tipo de traiciones que yo había vivido y dándose cuenta, por fin, de lo crueles que habían sido sus acciones. Incluso me imaginaba a Dios mismo dirigiéndose a ellas con una voz atronadora desde el cielo que las hacía temblar de miedo.

Y mientras más les daba rienda suelta a esos pensamientos en mi mente, más me iba convirtiendo en alguien tan cruel como ellos. Empecé a sentirme justificada por pensar cosas que regularmente no pienso. Por hacer cosas que habitualmente no haría. Por decir cosas que no suelo decir. Por desearles cosas que no se las desearía normalmente a nadie. Mis pensamientos se erosionaron lentamente, pero mientras más los dejaba fluir sin control, más naturales se volvían. El odio crudo comenzó a sentirse normal. *Dios, ayúdame.*

Lo que empezó como desconfianza se había convertido en desprecio.

Y, sinceramente, me había vuelto tan insensible y cruel con ellos como lo fueron conmigo. Lo que habían hecho estaba mal. Sin duda alguna. Pero devolverles el odio, aunque solo fuera en mis pensamientos, también estaba mal.

Hay una imagen que tengo en mi mente cuando ocurre algo hiriente. Imagino al Enemigo deleitándose con las personas que hieren a otras personas. Si conocemos a Jesús, entonces Satanás no puede tener nuestras almas, pero de seguro que le encanta reclutar a gente buena con heridas abiertas en sus corazones para que hagan parte de su trabajo por él. Siguiendo el espíritu de las *Cartas del diablo a su sobrino* de C. S. Lewis, a veces pienso en lo que el Enemigo podría escribir en una carta dándole instrucciones a un demonio sobre cómo distraerme para que deje de ser la mujer que quiero ser.

No tienes que preocuparte por reclutarla para que haga obras malas. Solo sigue hurgando en su dolor no superado, y pronto se sentirá justificada para hacer y decir cualquier tipo de cosas que normalmente no haría ni diría. Llena sus redes sociales de imágenes que la hagan sentir lo injusta que es su situación. Alimenta su escepticismo rodeándola de otras personas que no confían en organizaciones como la que le hizo daño. Haz que esté demasiado distraída para abrir la Palabra de Dios, a fin de que siga alimentándose de la mentira de que su amargura la protege y sus sentimientos de animosidad no son gran cosa. Mantenla ciega a la forma en que ahora camina sintiéndose al límite y con la guardia en alto. A medida que ella se vuelve cada vez más irascible, impacientándose con los errores cotidianos de los demás, dale un sentimiento de superioridad basado en que los problemas son siempre culpa de alguien más.

Multiplicaremos hacia el exterior el dolor no resuelto dentro de nosotras a menos que tomemos la decisión consciente de detenerlo.

Entonces, ¿puedo hacerte una pregunta delicada? ¿Ha habido un grupo de personas o una organización en la que una vez confiaste y respetaste que te haya herido de esta manera?

Es horrible. Y el dolor perdura, ya sea que tu experiencia incluya una conversación hiriente (como la mía) o una conversación que te hubiera gustado tener, pero que nunca se presentó la oportunidad de entablar. No quiero seguir avanzando hacia un cambio de perspectiva antes de reconocer plenamente lo hirientes que son estas situaciones.

Lo que hicieron no debería haber ocurrido. Lo que te dijeron y hablaron sobre ti nunca debería haberse dicho. La forma en que diste e invertiste en esa organización debería haber justificado que te prestaran más atención y cuidado. No deberían haberte roto el corazón. No deberían haber quebrantado tu confianza. Los líderes deberían haber dirigido mejor. Los jefes deberían haberse preocupado más por ti. Los compañeros cristianos involucrados deberían haber sido honestos, justos, amables, considerados y cariñosos. Y desde lo profundo de mi ser, lamento mucho que no lo hayan sido. Lamento mucho que toda esta situación hiriente haya ocurrido.

Con esto no quiero decir que haya que esconder este asunto debajo de la alfombra. Si hay cosas con este grupo de personas que necesitas tratar, entonces abórdalas lo mejor que puedas. Pero no dejes que las personas que te han herido ahora reduzcan tu futuro a las limitaciones de vivir herida.

El hecho de que este ministerio me haya hecho daño no significa que no se pueda confiar en ningún ministerio.

¿Quizá en tu situación ocurra lo mismo? No te pido que aceptes esta posibilidad todavía. Solo considérala mientras sigues leyendo.

Recuerda que estoy aquí contigo, deseando lo mejor para ti, y comprendo que hay muchas complejidades en las situaciones que te causaron un dolor inmenso. Parte de lo que hace que el dolor organizativo sea tan desafiante es que puede parecer que ellos son los poderosos. Parece que siguen adelante sin inmutarse, mientras nosotras luchamos con desesperación. Queremos que asuman lo que han hecho y que lo corrijan para que nuestro mundo vuelva a su sitio y podamos sentir algo de redención.

¿Verdad?

No obstante, lo que hagan a partir de ahora está completamente fuera de nuestro control. Y si condicionamos nuestra capacidad de encontrar la paz a decisiones que quizá ellos nunca tomen, en esencia estamos diciendo que pueden controlar cómo viviremos a partir de ahora.

Ellos no se merecen ese tipo de poder sobre ti.

¿Qué pasaría si tú y yo decidiéramos que ya nos han quitado demasiado? ¿Qué podría mejorar en tu vida y en la mía si decidiéramos aceptar la serenidad que supone seguir adelante?

Sé que tu cerebro puede estar disparando todas las razones por las que «seguir adelante» se siente un poco como una bofetada. Y lo entiendo. Sin embargo, ¿sabes cuál sería el desenlace más trágico de todos? Que el daño que nos causaron nos desvíe de lo que es mejor para nosotras. Sí, rompieron nuestra confianza, pero eso no debería significar que nos quebraron. No debemos dejar que lo sucedido nos impida ser las expresiones plenas y hermosas de nosotras mismas y las personas que Dios tenía en mente que fuéramos cuando nos creó.

¿Por qué querríamos darles ese tipo de poder a los líderes de las organizaciones que ya nos han causado tanto daño? ¿Por qué querríamos que esa situación de dolor sea lo que determine nuestra forma de actuar, lo que creemos y cómo vemos a otras personas y organizaciones? Estas experiencias dolorosas nos hacen, con justa razón, más cuidadosas para no lanzarnos ciegamente a una relación con otra organización similar. Podemos aprender de nuestras experiencias pasadas y aprovecharlas con el fin de seguir avanzando. No obstante, también podemos actuar con sensatez y no dejar que lo sucedido nos arrulle con la idea generalizada de que todas las organizaciones similares están dirigidas por malas personas que pretenden conseguir lo que quieren y luego dejarte a un lado.

Ojalá estuviéramos sentadas juntas para que pudieras ver la profunda compasión en mis ojos y oír la ternura en mi voz en este momento.

Que esa iglesia te haya hecho daño no significa que todas las iglesias sean malas.

Que algunos cristianos te hayan decepcionado no significa que todos los cristianos tengan malas intenciones.

Que este trabajo no haya funcionado y este jefe haya sido un cretino no significa que todos los líderes de tu vida deban ser tratados con escepticismo.

Que esta organización haya tomado una mala decisión no significa que debas evitar a todas las organizaciones similares.

Que esas personas no hayan cuidado bien tu corazón no significa que no haya gente realmente maravillosa que te trate con amor.

En definitiva, debemos decidir que ya no nos interesa perpetuar el daño. Podemos resolver ayudar a encontrar una solución. O podemos elegir dejarlo todo atrás. En cualquier caso, debemos tomar la decisión de que, aunque el daño nos haya afectado, no permitiremos que otros sufran por causa de nosotras. Debemos decidir que alguien tiene que ser lo suficientemente valiente como para decirle al Enemigo que la división y la enemistad que se ha deleitado en causar termina hoy. Y esa persona muy valiente es la que te mira en el espejo. La mejor manera de refutar las cosas hirientes que otros han dicho y hecho es que sigamos adelante y vivamos una gran vida.

La mejor manera de refutar las cosas hirientes que otros han dicho y hecho es que sigamos adelante y vivamos una gran vida.

¿Y sabes qué es necesario para poder vivir esa gran vida? Debemos recordar que hay leyes sobrenaturales en juego que son certezas con las que podemos contar. Al igual que podemos contar con la ley de la gravedad (cada vez que soltemos algo, caerá), también podemos contar con la ley divina de la siembra y la cosecha. Lo que decidimos sembrar en nuestras vidas produce una cosecha que recogeremos.

Gálatas 6:7-10 nos recuerda lo siguiente:

No se engañen: de Dios nadie se burla. Cada uno cosecha lo que siembra. El que siembra para agradar a su carne, de esa misma carne cosechará destrucción; el que siembra para agradar al Espíritu, del Espíritu cosechará vida eterna. No nos cansemos de hacer el bien, porque a su debido tiempo cosecharemos si no nos damos por vencidos. Por lo tanto, siempre que tengamos la oportunidad, hagamos bien a todos y en especial a los de la familia de la fe.

Todo lo que las otras personas siembran en sus vidas es lo que cosecharán.

Lo que ellas intenten sembrar en tu vida no es lo que tú cosecharás, a menos que decidas tomar las malas semillas y plantarlas en tu propio corazón y mente.

Tuve que recordármelo una y otra vez.

Si no queremos cosechar un futuro lleno de desconfianza relacional, perspectivas amargas, calumnias que se sienten justificadas y nubes negras de negatividad, debemos tomar la decisión de no plantar las semillas del dolor no resuelto.

Quiero mucho más para mi vida. Y también quiero mucho más para la tuya. Fuimos creadas para mucho más que sembrar y cosechar el dolor constante. Me encanta cómo Salmos 24:3-4 nos recuerda que fuimos creadas para ascender: «¿Quién puede subir al monte del SEÑOR? ¿Quién puede estar en su Lugar Santo? Solo el de manos limpias y corazón puro».

Cuando la vida se vuelve dura, podemos sentirnos justificadas si nuestro corazón también se endurece y la lente a través de la cual vemos el mundo se ensucia por las heridas del pasado. Cuando esto ocurre, dejamos de creer que lo mejor aún puede suceder en medio de nuestras circunstancias. Dejamos de creer en lo mejor de las personas. Llevamos el mal que un grupo de personas nos hizo a otras relaciones, y nos volvemos demasiado cautelosas y desconfiadas de que la historia se repita. Podemos fácilmente empezar a suponer que esas otras personas de otra organización también nos harán daño y comenzamos a atribuirles intenciones equivocadas.

No obstante, amiga, hagamos una elección diferente. Sembremos mejor para poder cosechar mejor. Cuando la vida se vuelve dura, deja que tu corazón se ablande. Deja que tus pensamientos se mantengan firmes en la verdad. No rellenes las grietas con los peores escenarios. No des por sentado lo que piensan los demás. Escucha tu discernimiento. Si algo te parece raro o falso, haz preguntas, verifica las respuestas, y date cuenta de que a veces la gente no es sincera. Sin embargo, recuerda al mismo tiempo que hay muchas otras personas que son honestas, auténticas y genuinas.

Sigue habiendo gente de buen corazón. Gente que quiere lo mejor para ti. Personas que se aferran a la verdad de la Palabra de Dios y te animan con sus palabras llenas de sabiduría. Rodéate de esas personas. Acepta el regalo que ellas te ofrecen.

A pesar de que la vida puede parecer diferente de lo que pensabas, todavía puede ser increíblemente hermosa. Decide aquí y ahora que vas a dejar que tu corazón se mantenga sensible y a creer que todavía hay bondad y buenas personas, buenas iglesias, buenas organizaciones y buenos trabajos.

¿Cómo sé que esto es verdad?

Porque es verdad para mí, y lo será para ti. No somos perfectas... pero somos personas que han tomado la decisión de sembrar semillas de bondad, confianza y honor. Ahora, invirtamos sabiamente en el próximo lugar donde nos encontremos. La bondad que sembremos será un regalo para los demás. No obstante, también es un regalo para nosotras mismas, porque cuando pongamos la cabeza en la almohada cada noche, a pesar de lo que otros hayan hecho ese día, tendremos la dulce paz que Dios les da a los de manos limpias y corazón puro.

Algo más que quiero que sepas

Profundicemos un poco más en las heridas causadas por la iglesia. A veces lo que hace que las experiencias dolorosas en la iglesia sean tan hirientes es no tener acceso a los líderes, y por lo tanto no contar con la oportunidad de mantener una conversación en la que podamos expresar nuestras preocupaciones. O es difícil averiguar quién dentro de la organización es una persona segura que quiera escuchar y esté dispuesta a conversar.

Cuando no podemos abordar lo sucedido, puede parecer que la resolución es imposible. Sin embargo, la intensidad del dolor tiene una energía que nos impulsa a buscar la validación de lo mal que se han manejado las cosas. En un esfuerzo por «desahogarnos», hablamos al respecto. ¡Por supuesto que lo hacemos! Pero aquí es donde necesitamos tener mucho cuidado. Procesar el dolor con algunas personas seguras en nuestras vidas es algo muy distinto a utilizar esas conversaciones para tomar represalias con palabras ofensivas.

Procesar nuestras emociones tiene el propósito de sanar lo que nos hirió profundamente mientras buscamos seguir adelante de una manera saludable. Las represalias verbales tienen el propósito de reclutar a otros para que se unan a nosotras en la destrucción de la iglesia.

No estoy diciendo que no debamos usar nuestras voces. Sin embargo, quiero que hagamos una pausa y pensemos en lo que realmente esperamos conseguir.

Tal vez queremos justicia y una resolución que corrija lo que está mal.

Quizás queremos que los líderes de la iglesia se disculpen y aprendan de esto para que nuestro dolor no parezca tan inútil.

Tal vez queremos ese momento en el que vemos esa compasión en el rostro del líder que nos permite saber que, a pesar de que esta situación se manejó mal, esta persona sigue siendo buena... sus sermones eran legítimos... está dispuesta a hacer lo correcto como asumimos que alguien en esa posición debería hacerlo... y los años que invertimos en ayudar a construir este ministerio no fueron un desperdicio.

Sinceramente, sobre todo cuando se trata de personas que trabajan en el ministerio, creo que queremos saber que no todo es una farsa. Y puede ser muy fácil asumir de pronto que si algunos del «pueblo de Dios» no son dignos de confianza, entonces la iglesia en su conjunto no es digna de confianza.

No obstante, digamos que estas conversaciones no son posibles y que la reconciliación es muy poco probable. ¿Cuáles son entonces nuestras opciones?

Podemos decidir permanecer en la iglesia en cuestión y trabajar para hacer las paces con lo sucedido. Podemos establecer límites sanos para que no nos vuelvan a causar el mismo daño. Podemos tratar de ser una luz y un ejemplo de lo que significa estar tan cerca de Cristo que los comportamientos erróneos de los demás no nos hagan tropezar.

O podemos quedarnos y tratar de ser un agente de cambio. Tengo una amiga cercana que ha visto a toda su iglesia implementar cambios sabios con mujeres que se sienten inseguras en sus matrimonios. Desde los líderes más influyentes hasta los líderes laicos, todos han recibido formación sobre cómo ayudar a las mujeres que se encuentran en matrimonios destructivos. Y todo se debió a que una mujer se quedó y luchó durante más de veinte años hasta que vio que se hacía realidad aquello por lo que había estado orando.

Otra opción que tenemos es decidir dejar la iglesia en cuestión y tomarnos un tiempo para sanar, siempre con la intención de que no sea una ruptura permanente con todas las iglesias. Podemos pedirles a nuestras amistades que nos ayuden a encontrar un cuerpo de creyentes del que podamos volver a formar parte.

O podemos alejarnos de la iglesia por completo y racionalizar que no vale la pena entregarnos una vez más cuando podemos volver a perder la confianza.

No estoy abogando por que te quedes o te vayas. Espero que no te alejes de la iglesia para siempre, pero no quiero decirte lo que tienes que hacer. Solo quiero darte muchas opciones para que analices y ores al respecto.

Reproduce ahora cada uno de esos escenarios. ¿Adónde te lleva cada una de estas opciones? ¿Cuál es el costo para ti y cuáles son los beneficios de cada una de estas elecciones? Y lo más importante, ¿hacia dónde te está guiando Dios?

Al considerar el principio de la siembra y la cosecha, si quiero parecerme cada vez más a Cristo, no puedo alejarme cada vez más de su iglesia. Jesús sabía las luchas que enfrentaríamos, y nos dio el regalo de la iglesia para que fuera el sistema de apoyo que necesitamos mientras navegamos por la vida en este mundo contaminado por el pecado.

La semana pasada me puse de pie en la iglesia y dejé que las canciones de alabanza me envolvieran. Me sentí muy conmovida al pensar que no hay otro lugar en el planeta que se parezca más al cielo. He sido herida por un líder ministerial, sí. Pero no por Jesús. Fui herida, pero no por su diseño de cómo debería ser la iglesia. He sido herida, pero no por todos los líderes en el ministerio.

Me alegré de que la parte de la alabanza y la adoración del servicio durara más de lo normal ese domingo. Sinceramente, no quería que se terminara. Respiré toda la bondad y le di gracias a Dios por no haberme quedado en casa.

Recurso extra

La confianza implica un historial

Diez verdades bíblicas para recordar
la fidelidad de Dios

•

Cuando luchamos para confiar en el Señor debemos recordarle a nuestro corazón que Dios es quien dice ser y hará lo que asegura que hará. El carácter de Dios es siempre su promesa personal para nosotras y algo con lo que podemos contar todo el tiempo, sin importar cuán inciertas parezcan nuestras circunstancias. ¡De hecho, él ha establecido un historial de confiabilidad en las páginas de las Escrituras al que podemos recurrir para rastrear su presencia en nuestras propias vidas! Aquí tienes diez verdades para orar cuando te cueste confiar en Dios en medio de circunstancias sobre las cuales te haces muchas preguntas o que parecen no tener ningún sentido.

Lee esta verdad:

«Dios no es un simple mortal
para mentir y cambiar de parecer.
¿Acaso no cumple lo que promete
ni lleva a cabo lo que dice?».
(Números 23:19)

Declara esta oración:

Señor:

Confieso que muy a menudo comparo tu confiabilidad con lo que he experimentado en mis relaciones con los demás. Pero tu Palabra me recuerda que no eres como los seres humanos: siempre dices la verdad, siempre eres el mismo, siempre cumples, siempre guardas tus promesas. Quiero dejar que estas realidades penetren en lo más profundo de mi alma y reconforten mi corazón cuando lucho con mis dudas en cuanto a que tú realmente me ayudarás. Ayúdame a recordar que el hecho de que las personas me hayan herido no significa que tú lo harás.

En el nombre de Jesús, amén.

Lee esta verdad:

«Así que acerquémonos confiadamente al trono de la gracia para recibir la misericordia y encontrar la gracia que nos ayuden oportunamente». (Hebreos 4:16)

Declara esta oración:

Padre:

Tú eres bueno. Gracias porque puedo acudir a ti con cada necesidad, oración, esperanza y deseo. Saber que me invitas abiertamente a tu presencia me hace sentir segura y aceptada, incluso cuando las circunstancias de la vida me causan temor y soledad. Estoy muy agradecida por los dones de la misericordia y la gracia que me das sin reservas. Tú eres fiel, y siempre recurriré a ti como la fuente de mi ayuda.

En el nombre de Jesús, amén.

Lee esta verdad:

«No se preocupen por nada; más bien, en toda ocasión, con oración y ruego, presenten sus peticiones a Dios y denle gracias. Y la paz de Dios, que sobrepasa todo entendimiento, cuidará sus corazones y sus pensamientos en Cristo Jesús». (Filipenses 4:6-7)

Declara esta oración:

Señor:

Hago una pausa ahora mismo para traer cada pensamiento de ansiedad ante ti. En este momento, abro mis manos para soltar simbólicamente todo aquello a lo que me he estado aferrando y que tú me has pedido que suelte. Coloco estas preocupaciones, peticiones de oración, problemas de confianza y relaciones difíciles a tus pies, con la conciencia plena de que tú tienes el control. Reconozco que no puedo controlar a los demás. Te pido esa paz sobrenatural que solo tú puedes dar para proteger tanto mi corazón como mi mente, y tu fuerza para resistirme a retomar estas preocupaciones.

En el nombre de Jesús, amén.

Lee esta verdad:

«El Señor es misericordioso y justo;
nuestro Dios es compasivo».
(Salmos 116:5)

Declara esta oración:

Padre:

A veces mi corazón se siente tentado a olvidar todo lo que has hecho por mí, sobre todo cuando me enfrento a una situación que parece que nunca va a mejorar. Sin embargo, ahora mismo, como muestra de confianza, quiero declarar estas verdades en voz alta. Tú eres misericordioso; eres justo; estás lleno de compasión. Señor, sé que me amas y cuidas de mí cada segundo de cada día. Incluso cuando mis circunstancias y sentimientos me hacen dudar de ti, sé que eres fiel. Ayúdame a creer esta verdad sin importar lo que enfrente.

En el nombre de Jesús, amén.

Lee esta verdad:

«Conduciré a los ciegos por caminos desconocidos,
los guiaré por senderos inexplorados;

ante ellos convertiré en luz las tinieblas,
y allanaré los lugares escabrosos.
Esto haré
y no los abandonaré». (Isaías 42:16)

Declara esta oración:

Señor:
Tu Palabra me llena de esperanza. Leer cómo has estado
presente con tu pueblo a lo largo de la historia me ayuda a ver
cómo estarás conmigo también. Hoy te pido que me guíes por los
caminos desconocidos que tengo por delante. Te pido que hagas
que la maldad que amenaza con alcanzarme se vuelva impotente
y hagas brillar tu luz sobre sus planes pecaminosos y mentiras.
Lo que es traído a la luz ya no puede correr desenfrenado en la
oscuridad. Y confío en que tú irás delante de mí para resolver
los detalles antes de que me abrumen. Tú eres un Dios digno de
confianza y no correré delante de ti.
En el nombre de Jesús, amén.

Lee esta verdad:

«Extendiendo su mano desde lo alto,
    tomó la mía y me sacó del mar profundo.
Me libró de mi enemigo poderoso,
    de aquellos que me odiaban y eran más fuertes
        que yo.
En el día de mi desgracia me salieron al encuentro,
    pero mi apoyo fue el Señor.
Me sacó a un amplio espacio;

me libró porque se agradó de mí».
(Salmos 18:16-19)

Declara esta oración:

Dios:

Te he visto sostenerme y rescatarme de las aguas profundas en muchas situaciones anteriores. Me has ayudado cuando otros han estado en mi contra. Tú has sido mi mayor apoyo, siempre has estado ahí para mí, incluso cuando mi corazón se alejaba de ti. Gracias, Señor, por ser mi Rescatador y por cuidar de mí tan íntimamente.

En el nombre de Jesús, amén.

Lee esta verdad:

«¡Dios es mi salvación!
    Confiaré en él y no temeré.
El SEÑOR es mi fuerza,
    el SEÑOR es mi canción;
    ¡él es mi salvación!». (Isaías 12:2)

Declara esta oración:

Padre:

Quiero tomar prestados los sentimientos de Isaías y declarar tu Palabra sobre mis dudas y temores: «Dios, tú eres mi salvación; confiaré en ti y no temeré. Tú eres mi fuerza y mi canción; tú eres mi salvación». Sí, Señor, depositaré toda mi confianza en

*ti. Has demostrado ser digno de confianza una y otra vez, y te
doy las gracias por ello.*

En el nombre de Jesús, amén.

Lee esta verdad:

«El ser humano hace planes,
   pero la palabra final la tiene el SEÑOR.
Todos los caminos del ser humano son limpios a
   sus ojos,
   pero las intenciones las juzga el SEÑOR.
Pon en manos del SEÑOR todas tus obras
   y tus proyectos se cumplirán». (Proverbios 16:1-3)

Declara esta oración:

Señor:

*Confieso que deseo que las cosas salgan como yo quiero y que
he hecho muchos planes para mi vida, a veces sin consultarte
primero. Sin embargo, ahora quiero reconocer plenamente que
tú tienes la palabra final; tus planes son mucho mejores que los
míos. Incluso cuando no entienda lo que estás haciendo, per-
maneceré cerca de ti y declararé que confío en ti cada día. Te
encomendaré todo lo que haga y seguiré tu guía fiel en el camino
perfecto que has determinado, no en uno que yo haya creado por
mi cuenta.*

En el nombre de Jesús, amén.

Lee esta verdad:

«Jesucristo es el mismo ayer, hoy y por siempre».
(Hebreos 13:8)

Declara esta oración:

Jesús:

Es muy difícil vivir en un mundo donde todo está en constante cambio: trabajos, finanzas, relaciones, sentimientos, dinámica familiar, políticas. A veces esto puede llegar a ser demasiado abrumador, como si no pudiera contar con que algo permanezca estable. Y el hecho de que alguien parezca sincero hoy no significa que siempre vaya a ser una persona íntegra. Sin embargo, estoy aprendiendo que nunca debí confiar en nada ni en nadie en esta vida para tener estabilidad plena, excepto en ti. En medio de la incertidumbre, tú permaneces firme. En medio del cambio, tú permaneces inmutable. Tú eres el mismo ayer, hoy y siempre, y eso me trae paz.

En tu nombre, amén.

Lee esta verdad:

«El Señor recorre con su mirada toda la tierra y está listo para ayudar a quienes le son fieles». (2 Crónicas 16:9)

Declara esta oración:

Dios:

Quiero que me consideres como alguien con un corazón totalmente fiel a ti. Aunque algunas personas han roto mi confianza y las circunstancias de la vida me han quebrantado de muchas maneras, elijo acudir a ti para obtener la fortaleza que necesito hoy y todos los días. Solo tú tienes un historial de confiabilidad perfecto, y estoy aprendiendo no solo a sentirme bien con eso, sino a encontrar un gran consuelo en ello.

En el nombre de Jesús, amén.

Seguimiento de Lysa

.

Cómo conseguir la ayuda que necesitas

Querida amiga:

Para algunas este libro será exactamente lo que necesitaban con el fin de encontrar ayuda al manejar una ruptura de la confianza y avanzar hacia la sanidad cuando eso suceda. Para algunas este libro podría ser una guía destinada a reparar la confianza que ha sido dañada. No obstante, para otras, este libro podría ayudarlas a ver que la desconfianza es en realidad la decisión más sabia que puedan tomar. Debido a que no soy una consejera licenciada y este libro no reemplaza la terapia, debes saber que hay algunas realidades difíciles en la vida que querrás que un consejero cristiano licenciado te ayude a atravesar. Por favor, sé sincera acerca de tu necesidad de ayuda. Estoy muy agradecida por los profesionales que me han ayudado con amor a atravesar mis días más oscuros. Siempre ha sido importante para mí que los consejeros profesionales que he visto tengan una relación personal profundamente comprometida con Jesús y que comprendan que la batalla debe librarse tanto en el ámbito físico como en el espiritual. Un gran recurso para encontrar un consejero cristiano en tu área es la Asociación Americana de Consejeros Cristianos en aacc.net. Con consejeros en los cincuenta estados, su misión es conectar a las personas heridas con individuos capacitados para brindarles ayuda.

Estoy orando por ti, querida amiga.

Con mucho amor,

Algunas notas importantes para considerar sobre el abuso

Un par de veces a lo largo de este libro me he referido a no excusar el abuso o el comportamiento disfuncional. Ya sabes de tanto leer sobre mis experiencias personales que mi corazón se quebranta y se compadece de cualquiera que se enfrenta a realidades relacionales destructivas. Quería proporcionar esta información como un punto de compasión y claridad en torno a lo que es el abuso, y también como una manera de potencialmente encontrar ayuda si estás en una situación abusiva.

En un artículo publicado por *Psychology Today*, encontré esta definición del abuso:

> El abuso en las familias tiene matices de comportamiento y es emocionalmente complejo. Siempre se da dentro de una dinámica de poder y control que perpetúa el abuso emocional y físico.
>
> El abuso puede manifestarse como físico *(lanzamientos, empujones, agarres, bloqueo de vías, bofetadas, golpes, arañazos, moretones, quemaduras, cortes, heridas, huesos rotos, fracturas, daños en los órganos, lesiones permanentes o incluso el asesinato)*, sexual *(coqueteo sugestivo, proposiciones, abrazos indeseados o inapropiados, besos, caricias en partes sexuales, sexo oral o cualquier tipo de actividad sexual forzada)* o emocional *(negligencia, acoso, vergüenza, amenazas, trucos maliciosos, chantaje, castigos injustos, tareas crueles o degradantes, confinamiento, abandono).*[1]

Por lo tanto, ¿qué dice la Biblia sobre el abuso y qué hacemos en situaciones como estas? Veamos una vez más lo que Pablo le escribió a Timoteo:

> Ahora bien, ten en cuenta que en los últimos días vendrán tiempos difíciles. La gente estará llena de egoísmo y avaricia; serán

jactanciosos, arrogantes, blasfemos, desobedientes a los padres, ingratos, impíos, insensibles, implacables, calumniadores, libertinos, despiadados, enemigos de todo lo bueno, traicioneros, impetuosos, vanidosos y más amigos del placer que de Dios. Aparentarán ser devotos, pero su conducta desmentirá el poder de la devoción. ¡Con esa gente ni te metas! (2 Timoteo 3:1-5)

Estoy agradecida por versículos como estos que expresan claramente que hay que evitar a las personas abusivas. Sin embargo, la forma exacta en que esto se lleva a cabo es muy compleja. Es imposible establecer una fórmula amplia y general para las relaciones difíciles. Hay muchos factores que deben ser analizados con personas capacitadas para reconocer el peligro y ayudar a guiar a los que se encuentran en situaciones de abuso a saber qué hacer y cómo ponerlo en práctica.

He aquí algunos aspectos a tener en cuenta:

- Es bueno tener personas sabias en nuestras vidas con las que hablar, y procesar las preocupaciones cotidianas con mentores cristianos y amigos de confianza. Aquí hay un buen versículo para ayudarte a discernir a las personas con sabiduría de tu vida:

  ¿Quién es sabio y entendido entre ustedes? Que muestre por su buena conducta sus obras en sabia mansedumbre. Pero si tienen celos amargos y ambición personal en su corazón, no sean arrogantes y mientan *así* contra la verdad. Esta sabiduría no es la que viene de lo alto, sino que es terrenal, natural, diabólica. Porque donde hay celos y ambición personal, allí hay confusión y toda cosa mala. Pero la sabiduría de lo alto es primeramente pura, después pacífica, amable, condescendiente, llena de misericordia y de buenos frutos, sin vacilación, sin hipocresía. Y la semilla cuyo fruto es la justicia se siembra en paz por aquellos que hacen la paz. (Santiago 3:13-18, NBLA)

- Estos amigos de confianza y mentores cristianos que hablan con sabiduría en nuestras vidas pueden ayudarnos a reconocer los comportamientos que cruzan la línea y deben ser atendidos por un consejero profesional educado en los temas en cuestión o, en situaciones más urgentes, comunicados a las autoridades.

Si necesitas encontrar un consejero cristiano profesional en tu área, tanto Enfoque a la Familia como la Asociación Americana de Consejeros Cristianos tienen recomendaciones en sus sitios web, o tu iglesia también puede tener una lista de consejeros cristianos de confianza que te puedan recomendar.

Amiga mía, eres amada, no estás sola y no tienes que pasar por esto sin ayuda. Recuerda que la persona que te está haciendo daño necesita una ayuda que solo profesionales capacitados pueden darle. Hacer intervenir a las autoridades competentes no es ser poco cariñosa... en realidad es para tu seguridad y la de la otra persona.

Agradecimientos

.

Una de las partes más desafiantes de mi viaje de sanación, ha sido dejar que se desarrollara. Quería acelerar mi sanación. Quería saber cuánto más duraría el dolor. Estaba muy cansada emocional, física y espiritualmente. Me di cuenta de que sanar tomaría tiempo. También me percaté de que el tiempo no cura todas las heridas. Es lo que plantamos durante el transcurso del proceso lo que determina si sanamos o no.

No hay una fórmula en este viaje. Y no podemos esperar que Dios haga las cosas a nuestra manera y en nuestro momento. En ese espacio sagrado entre las ruinas y los atisbos de la restauración, debo aceptar el misterio de Dios.

Y no solo aceptarlo, sino agradecerlo.

Nunca más quiero limitar mi vida a los resultados de mi propio diseño. En lugar de eso, quiero vivir esperando la bondad de Dios. Está ahí. Solo tenemos que fijarnos en ella.

Y en los días en que estoy cegada por mis lágrimas, están mis amigas que se sientan en mi cama y lloran conmigo y luego me toman la mano y dicen: «Vamos. No será como esperabas, pero será bueno. Y algunos días serán asombrosamente impresionantes».

Hay muchas personas cuyas huellas se pueden encontrar a lo largo de estas páginas. Me llevaría otro libro entero agradecerles adecuadamente a todos... las personas que han caminado a mi lado, que han orado por mí, que han procesado este mensaje conmigo, que incluso han prestado sus propias experiencias para incorporarlas a la redacción de este libro. Estoy eternamente agradecida por ustedes, su amistad y el honor de compartir nuestras vidas.

El equipo que ha trabajado a mi lado día tras día en este libro, más que ayudarme a escribir las palabras, me ayudó a vivir bien este mensaje.

Tenía resistencia, y me dieron seguridad.

Tenía dudas, y me ofrecieron confianza.

Tenía mucha incertidumbre, y me ofrecieron aprobación y entusiasmo en cuanto a que este era el libro que debía escribir a continuación.

Tenía complejidades sintácticas y tiempos verbales confusos, y me brindaron sabiduría editorial.

Tenía faltas de ortografía y metáforas mezcladas, y me ofrecieron *emojis* sonrientes con sus correcciones.

Tenía preguntas teológicas y terapéuticas, y me ofrecieron respuestas bien investigadas.

Tenía archivos desorganizados, y me ofrecieron la belleza de los documentos de Google.

Tenía momentos de calma en los que me perdía pensando demasiado, y me ofrecieron conversaciones y lluvias de ideas y sus mejores pensamientos.

Los quiero. Me encanta trabajar juntos, procesar la vida juntos, ser honestos sobre nuestras luchas mientras estudiamos juntos, y celebrar nuestras victorias juntos. Y realmente me encanta que hayamos encontrado nuestro camino hacia este mensaje y avanzado... juntos.

Chaz: Me ayudaste a ver que mientras que la confianza rota es brutal, también puede ser la parte más hermosa de la redención. No sabía si alguna vez podría sentirme lo suficientemente segura como para dejar que mi corazón se abriera a un nuevo matrimonio, a una nueva vida. Gracias por tu interminable paciencia y tu abrazo siempre disponible. Y por ayudarme a recordar lo divertida que puede ser la vida. A todos mis hijos: Han vivido este mensaje a mi lado. No únicamente sobrevivimos, sino que decidimos prosperar. ¡Qué vida tan hermosa la que emergió de las cenizas oscuras! Un agradecimiento especial a Hope y Michael que no solo vivieron este mensaje, sino que también ayudaron a desarrollar el contenido.

Meredith, Leah, Shae, Amanda, Joel, Jim, Candace y Mel: A veces no sé dónde acaban mis palabras y dónde empiezan las de ustedes. Cada párrafo de este libro fue procesado y escrito junto a ustedes. ¿Cómo puedo agradecerles por ser el equipo más estelar y mis mejores amigos? Los quiero.

Madi, Kaley, Tori, Kelsie, Karen, Anna, Haley, Victoria, Melanie, Morgan, Claire, Stephanie, Jamie, Esther, Nicole, Jasmine, Bethany, Crystal.

Barb, Glynnis.

Jessica, Janene, Andrew, Bria, Dave, Don, MacKenzie, Kristen, John, Emily y Flavia.

Y un agradecimiento especial a mi grupo de primeros lectores que leyeron la primera versión de este manuscrito y me ayudaron a convertirlo en un libro que vale la pena leer.

Notas

•

INTRODUCCIÓN: El miedo grita más fuerte en este momento

1. «Emotional Trauma and the "Diamond Brain"», Amen Clinics (blog), 14 octubre 2021, https://www.amenclinics.com/blog/emotional-trauma-and-the-diamond-brain/.
2. «Emotional Trauma and the "Diamond Brain"».
3. Puedes ver el episodio de «Scan My Brain with Dr. Amen» aquí: «Battling Past Emotional Trauma», YouTube, 3 octubre 2023, https://www.youtube.com/watch?v=XQqVIUzGGt0.
4. «What Is EMDR Therapy?», EMDR Institute, https://www.emdr.com/what-is-emdr/.

CAPÍTULO 1: Cuando la esperanza se desvanece

1. Lysa TerKeurst, *Sin invitación* (Miami, FL: Casa Creación, 2016), p. 212.

CAPÍTULO 2: ¿Qué es este sentimiento: discernimiento o un desencadenante?

1. Pamela Li, «Neuroception: The Brain's Subconscious Threat Detector», Parenting for Brain, 13 enero 2024, https://www.parentingforbrain.com/neuroception/.
2. Naomi Eisenberger y George Kohlrieser, «Lead with Your Heart,

Not Just Your Head», *Harvard Business Review*, 16 noviembre 2012, https://hbr.org/2012/11/are-you-getting-personal-as-a.

3. Eisenberger y Kohlrieser, «Lead with Your Heart»; C. Nathan Dewall, Geoff MacDonald y Naomi I. Eisenberger, «Acetaminophen Reduces Social Pain: Behavioral and Neural Evidence», *Psychological Science* 21, no. 7 (julio 2010), pp. 931-37, https://doi. org/10.1177/0956797610374741.

4. Hilary Jacobs Hendel, «Ignoring Your Emotions Is Bad for Your Health: Here's What to Do About It», *Time*, 27 febrero 2018, https:// time.com/5163576/ignoring-your-emotions-bad-for-your-health/.

CAPÍTULO 3: Banderas rojas y raíces de desconfianza

1. Consulte el vídeo 6 del programa (ISBN 9780310145707) para profundizar en el discernimiento bíblico.

2. Leland Ryken, James C. Wilhoit, Tremper Longman III, eds., *Gran diccionario enciclopédico de imágenes y símbolos de la Biblia* (Barcelona: Editorial Clie, 2016).

CAPÍTULO 5: Y no quería estar sola

1. John N. Oswalt, *The Book of Isaiah, Capítulos 1 - 39*, The New International Commentary on the Old Testament (Grand Rapids, MI: Wm. B. Eerdmans Publishing Co., 1986), p. 560.

CAPÍTULO 6: ¿Cómo puedo confiar en Dios cuando no entiendo lo que permite?

1. David Guzik, «Hebrews 11—Examples of Faith to Help the Discouraged», Enduring Word, 2018, https://enduringword.com/ bible-commentary/hebrews-11/.

CAPÍTULO 7: ¿Cómo puedo confiar en Dios cuando la persona que me hizo daño se salió con la suya?

1. C. H. Spurgeon, «God's Thoughts of Peace, and Our Expected End», en *The Metropolitan Tabernacle Pulpit Sermons*, vol. 33 (Londres: Passmore & Alabaster, 1887), pp. 303-304. Esta cita se ha extraído

de dos secciones del mismo sermón de Spurgeon que he presentado juntas.

2. Lysa TerKeurst y Dr. Joel Muddamalle, *30 Days with Jesus: Experiencing His Presence Throughout the Old and New Testaments* (Nashville: Thomas Nelson, 2023), p. 41.

CAPÍTULO 8: Intentaremos controlar lo que no nos inspira confianza

1. «Music and the Vagus Nerve: How Music Affects the Nervous System and Mental Health», Music Health, https://www.musichealth.ai/blog/music-and-the-vagus-nerve.
2. Nicki Koziarz (@nickikoziarz), publicación caducada en Instagram.

CAPÍTULO 9: Las máquinas de hielo y los océanos

1. Simone Marie, «Can You Get 'Stuck' at the Age You Experienced Trauma?», *PsychCentral*, última actualización 5 enero 2022, https://psychcentral.com/ptsd/signs-trauma-has-you-stuck.

Algunas notas importantes para considerar sobre el abuso

1. Blake Griffin Edwards, «Secret Dynamics of Emotional, Sexual, and Physical Abuse», *Psychology Today*, 23 febrero 2019, https://www.psychologytoday.com/us/blog/progress-notes/201902/secret-dynamics-emotional-sexual-and-physical-abuse.

Acerca de la autora

•

Foto por Kelsie McGarty

Lysa TerKeurst Adams es presidenta y directora visionaria de Proverbs 31 Ministries, y autora de siete éxitos de ventas del *New York Times*, entre ellos *Límites saludables, despedidas necesarias*; *Perdona lo que no puedes olvidar* y *No debería ser así*. Lysa disfruta la vida con su esposo, Chaz, y sus hijos y nietos. Conéctate con ella a través de www.LysaTerKeurst.com o de las redes sociales @LysaTerKeurst.

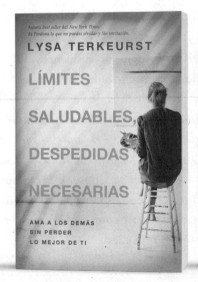